Collana di teologia ecclesiale e aggiornamento pastorale

8

Iª edizione, settembre 2022, Edizioni L'Isola di Patmos

ISBN 9791280867100

Edizione con copertina flessibile

———————

Proprietà artistiche e letterarie riservate
Copyright © 2022 – Edizioni L'Isola di Patmos
Redazione editoriale:
ROMA
Presidente e amministratore:
Jorge Facio Lince
Cod. fisc. 93086970899
Email: isoladipatmos@gmail.com

Visitate il sito della nostra rivista L'Isola di Patmos:
www.isoladipatmos.com

SALUS ANIMARUM PRIMA LEX

EDIZIONI
L'ISOLA DI PATMOS
Fondate da
Ariel S. Levi di Gualdo

Ariel S. Levi di Gualdo

AMORIS TRISTITIA

La morale cattolica è davvero sessuofobica?

Edizioni L'Isola di Patmos
©2022

Alla venerata memoria del Cardinale
Carlo Caffarra

Fondatore e Presidente del Pontificio Istituto *Giovanni Paolo II* per Studi su
Matrimonio e Famiglia

(1° giugno 1938 – †6 settembre 2017)

INDICE

19 gennaio 2017

Carissimo Padre Ariel,

capisco il tuo dolore per l'articolo comparso ieri su *Avvenire*[1] dove sono stato attaccato con imprecisione e malizia. Immagina il dolore mio. È il giornale della Conferenza Episcopale Italiana, di cui sono stato membro vent'anni come vescovo di due diocesi.

Ho esaminato il progetto del libro che intendi preparare su temi di dottrina legati all'ultimo Sinodo sulla famiglia. Ho sempre riconosciuto le tue doti di scrittura e le tue capacità teologiche alle quali unisci sguardo da aquila e coraggio da leone. Tirerai fuori un ottimo lavoro, ne sono sicuro.

Lungi da me tagliarti le ali, desidero rivolgerti una preghiera che non sei tenuto a esaudire: puoi mettere mano a questo lavoro e pubblicarlo tra 5 anni?

So che non sei un emotivo e che procedi con rigore speculativo, ma queste tue qualità non sono comuni ad altri, e in questo momento gli animi sono troppo caldi.

Se mi esaudirai lo apprezzerò dal cielo, mentre sulla terra sarò un vecchio cardinale dimenticato, giunto dinanzi al giudizio di Dio cosciente di essere un peccatore, ma sicuro di poter dire d'aver fatto ciò che dovevo con le forze che mi erano state date.

Il mese prossimo verrò a Roma e come sempre avremo modo di incontrarci.

Prega per me.

✠Carlo Caffarra

---

[1] N.d.A. Luciano Moia: «*Amoris Laetitia*. E il Papa disse: "Bene l'interpretazione dei vescovi argentini"», *Avvenire*, edizione del 18 gennaio 2017.
https://www.avvenire.it/chiesa/pagine/eucaristia-il-papa-ha-gi-detto-che-si-pu

> «La prima condizione per la fine della eclissi dei valori tradizionali e per l'uscita del Cattolicesimo dalla sua crisi è che la Chiesa riprenda la sua funzione, che non è conformarsi al mondo, ma contrastarlo»[2]

Augusto Del Noce

Di recente un mio coetaneo mi ha detto: «Io penso le tue stesse cose, però taccio e non le sbandiero ai quattro venti. Di conseguenza sono stato eletto arcivescovo di [...] invece tu ...».

«... invece io posso fissare negli occhi quelli come te e dire che la Chiesa è ridotta com'è ridotta per causa vostra, mentre voi abbassate lo guardo perché non avete il coraggio di guardare in faccia chi vi elenca le vostre gravi colpe».

Questo augusto pontificato rischia di passare agli annali come un inseguimento eccentrico del nuovo e del sensazionale come surrogato della ricerca di senso, che ha finito col produrre una confusione dottrinale e pastorale mai verificatasi in precedenza nella storia della Chiesa.

La prima domanda che rivolgevo sempre al Cardinale Carlo Caffarra all'inizio dei nostri frequenti colloqui era:

«Padre Cardinale, come stai?».

Fu il 5 settembre 2017 l'ultima volta che rispose a questo mio quesito, un giorno prima di morire.

---

[2] Ugo Spirito – Augusto del Noce: «Tramonto o eclissi dei valori tradizionali?», Rusconi Editore, Iª ed. 1971.

«Sto bene. Pensa, i miei specialisti dicono che sono come una automobile che ha il motore di una Ferrari dentro la carrozzeria di una Fiat Cinquecento».

Incontrandolo di persona esordivo dicendo:

«Padre Cardinale, sono contento di trovarti bene».

Come l'ultima volta che lo visitai in compagnia di Jorge Facio Lince, verso il quale manifestava l'affetto e la stima particolare che nutriva verso i giovani studiosi dotati di profondità filosofica e teologica e del quale tanto apprezzò lo studio su Antonio Gramsci in rapporto al cattolicesimo[3]. Mi sorrise e rivolto spiritosamente a Jorge disse:

«Ovvio che il tuo buon Padre mi trovi bene, è infatti risaputo che belli si nasce».

E indicando sé stesso con due colpi di mano sul petto:

«... sapendo che venivate visitarmi, per non sfigurare dinanzi a voi sono andato anche dal parrucchiere».

E ridacchiando si passò una mano sui capelli.

Il Cardinale s'era ritirato su un colle bolognese, in un appartamento adiacente il seminario arcivescovile della Città Felsinea. Passeggiando in quello spazio verde attorno alla sua casa mi disse:

«Adesso guardo Bologna qua dall'alto, pregando tutti i giorni per questa Città e per la Chiesa di Cristo».

Nel salotto dove si tenevano i nostri colloqui conservava sul muro un grande ritratto del Santo Pontefice Giovanni Paolo II. Ogni tanto non mancava di lanciargli uno sguardo. Il Cardinale Carlo Caffarra mi ha trasmesso un

---

[3] Jorge Facio Lince: «Il marxismo culturale di Gramsci, uscito dal carcere per portare in carcere il Cattolicesimo», i saggi teologici de *L'Isola di Patmos*, edizione del 14 febbraio 2016

https://isoladipatmos.com/il-marxismo-culturale-di-gramsci-uscito-dal-carcere-per-portare-in-carcere-il-cattolicesimo/

autentico patrimonio di fede, dottrina e cultura teologica. Forse nel corso degli anni avvenire potrò parlare e scrivere di questa ricchezza trasmessa, mai di tutto il resto, che porterò con me dentro la tomba nel totale segreto. Quando quel 5 settembre parlai con lui non mi sembrò affatto debilitato. Non era affetto da una malattia che stava compromettendo la sua vita, aveva avuto problemi in precedenza e superato un intervento chirurgico. Era un uomo molto curato e scrupoloso nel seguire i consigli dei medici specialisti. Quindi non è morto per una malattia giunta allo stato degenerativo terminale, a stroncarlo è stato un arresto cardiaco fulminante. Forse la sua morte repentina avvenne dopo avere ricevuta chissà quale notizia, o dopo aver riflettuto per alcuni giorni su una notizia ricevuta pochi giorni prima. Dico questo ripensando a una sua battuta di quel nostro ultimo colloquio, fatta in tono scherzoso ma serio:

«... ti dirò, a parte i problemi conseguenti all'età che avanza, in salute sto bene. Però temo che un giorno possa giungermi una di quelle notizie talmente grosse da rimanerci secco all'istante. Comunque ne parleremo tra pochi giorni, quando il 18 settembre verrai da me».

Non è che la notizia gli era giunta già e che proprio per la gravità della stessa voleva parlarmene a voce in quel colloquio privato che avremmo avuto dodici giorni dopo, se il seguente giorno non fosse morto?

Sempre più disorientato, il buon Popolo di Dio conosce solo la punta visibile del grande *iceberg* che emerge dal mare. Noi che invece siamo tormentati dalla conoscenza, centimetro per centimetro conosciamo tutti i metri che formano la base di questa montagna di ghiaccio sommersa nelle acque gelide del mare. Sappiamo come questa massa di ghiaccio si è formata, soprattutto che cosa può comportare andare a sbatterci sopra con un piroscafo lanciato contro di esso a gran velocità.

Siamo forse colpevoli di non informare il Popolo di Dio? No, perché si è tenuti a informare quando attraverso un richiamo al quale fa seguito un grande sforzo comune di volontà è possibile correggere una rotta. Quando però non si hanno più i mezzi per correggerla evitando una collisione, vorrebbe dire creare solo dell'inutile panico che non servirebbe a niente, se non a peggiorare la situazione.

Questa la differenza che corre tra il principio della conoscenza utile e salvifica e quella conoscenza del tutto inutile, resa tale dal fatto che produrrebbe null'altro che scandalo fine a sé stesso in una situazione ormai irreversibile.

A suo tempo, quando la morbosità giornalistica e popolare premeva affinché fosse reso pubblico l'ultimo testo ancora segretato del messaggio dato dalla Beata Vergine Maria ai tre pastorelli di Fatima, il Santo Pontefice Giovanni Paolo II rimproverò magistralmente i curiosi:

> «[...] molti lo vogliono conoscere (N.d.A. questo "segreto") solo perché spinti dalla curiosità e dal gusto del sensazionale: costoro però dimenticano che per essi sapere comporta una responsabilità. È un voler solo soddisfare la propria curiosità, se non si è al tempo stesso pronti ad agire contro la tragedia annunciata»[4].

Il Santo Pontefice Giovanni Paolo II fece capire che né un certo pubblico morboso, né certi giornalisti a caccia di *scoop* avrebbero potuto far fronte a queste responsabilità. Poi, se come alcuni pensano e lamentano l'ultimo cosiddetto "Terzo segreto" non è stato rivelato per intero, in tal

---

[4] Visita apostolica a Fulda, 1980, risposta del Sommo Pontefice a una domanda fattagli come riportata dal settimanale tedesco *Stimme des Glaubens*.

caso hanno fatto bene a non renderlo pubblico integralmente, sapendo che la conseguenza sarebbe stato solo il chiacchiericcio morboso, non la corsa alla conversione, alla penitenza e alla richiesta di remissione dei peccati.

La Chiesa visibile che oggi abbiamo sotto gli occhi, con tutti gli incoscienti che danzano nel salone delle feste del Titanic che ha appena urtato il grande *iceberg*, deve semplicemente affondare, perché da anni è in uno stato di decadenza irreversibile.

La Chiesa visibile che oggi abbiamo sotto gli occhi puttaneggia con un mondo ormai vuoto di Cristo, guardandosi dallo scuotere l'umanità con l'annuncio del Mistero del Dio incarnato, morto e risorto.

Chi conosce i metri di ghiaccio celato nelle profonde acque del mare al di sotto della visibile punta emergente dell'*iceberg* che spunta sulla superficie, può anche giungere a non farcela più fisicamente. Cristo Signore stesso, perfetto nella sua divinità e perfetto nella sua umanità, dinanzi al supplizio non ce la fece e il suo cuore cedette.

Come Cristo anche il Cardinale Carlo Caffarra è stato preso da quella morte che costituisce da sempre la più assurda "invenzione" dell'uomo, entrata nella scena della nostra esistenza umana col peccato originale, che ha corrotto la nostra natura perfetta creata in origine da Dio. Un peccato dal quale siamo stati lavati col Santo Battesimo e riscattati col sacrificio del Cristo agnello immolato e della sua risurrezione, alla quale tutti siamo stati resi partecipi.

Il Cardinale Carlo Caffarra non era nato e vissuto per piacere alle masse dei *radical chic*, ma per piacere a Cristo, al quale ha cercato di conformarsi sino alla croce. Il suo non era il cuore di un *piacione*, ma di un santo uomo di Dio che in certe cose non ortodosse desiderava non piacere.

Durante l'Ottava di Pasqua del 2017 il Cardinale e io ci parlammo per una mezz'ora al telefono, mentre eravamo entrambi in due angoli opposti dell'Italia: lui in una zona della Lombardia, io nel Cilento, sul confine tra la Campania e la Basilicata:

«...sono venuto in una zona della Lombardia a fare il parroco durante le solennità pasquali. Ormai in certe zone i sacerdoti cominciano a scarseggiare. Per me è stata una bellissima esperienza».

Risposi:

«Penso che a breve il nostro futuro sarà questo: spostarci da una parte all'altra per portare il Verbo di Dio e per servire il Suo Popolo disperso, o quel che ne resterà».

Replica il Cardinale:

«Durante uno dei miei soggiorni estivi a Castel Gandolfo il Santo Pontefice Giovanni Paolo II mi disse che in un futuro non lontano saremmo ritornati al silenzio delle catacombe. Non sarebbero state più quelle del passato, ma una realtà nuova, seppure simile nella sostanza».

Dicendo questo, il Santo Pontefice si rifece all'allora giovane teologo Joseph Ratzinger, che espose questa eventualità sul finire degli anni Sessanta, facendo una straordinaria profezia:

«Dalla crisi odierna emergerà una Chiesa che avrà perso molto. Diverrà piccola e dovrà ripartire più o meno dagli inizi. Non sarà più in grado di abitare gli edifici che ha costruito in tempi di prosperità. Con il diminuire dei suoi fedeli, perderà anche gran parte dei privilegi sociali. Sarà una Chiesa più spirituale, che non si arrogherà un mandato politico, flirtando ora con la sinistra e ora con la destra. Sarà povera e diventerà la Chiesa degli indigenti. Sarà un processo lungo, ma quando tutto il travaglio sarà passato, emergerà un grande potere da una Chiesa più spirituale e semplificata. A quel punto gli uomini scopriranno di abitare un mondo di indescrivibile solitudine, e avendo perso di vista Dio, avvertiranno l'orrore della loro povertà. Allora, e solo allora, vedranno quel piccolo gregge di credenti come qualcosa di totalmente nuovo: lo scopriranno come una speranza per sé stessi, la risposta che avevano sempre cercato in segreto»[5].

Dal Santo Pontefice Paolo VI sino al Pontefice Benedetto XVI, questo processo che prese avvio dopo lunga gestazione sul finire del pontificato del Pontefice Pio XII oggi è divenuto irreversibile.

Una volta si moriva martiri della fede, oggi si muore martiri per quella impotenza generata da una decadenza inarrestabile che tutto annulla e ingoia nell'indifferenza.

Questo era Carlo Caffarra, l'ho conosciuto e ve lo testimonio. Un uomo di Dio che ha concretato il monito del Santo Pontefice Giovanni Paolo II:

«Non abbiate paura, aprite, anzi spalancate le porte a Cristo ed alla sua salvatrice potestà»[6].

Altro che la Chiesa civettuola, mondialista, ecologista ed ecumenista che amoreggia con Lutero, Marx e Freud, che non giudica né condanna nessuno — a eccezione dei propri figli devoti —, ridotta sempre più a una meretrice che allarga le gambe al mondo e ai suoi grandi padroni, introducendo nel proprio utero tutte le peggiori malattie infettive chiamate non più tali ma «accoglienza», «inclusione» e persino «misericordia».

Noi che siamo e intendiamo rimanere apostoli delle divine cure salvifiche contenute nel Santo Vangelo, come

---

[5] Cfr. da un ciclo di lezioni radiofoniche tenute a Regensburg nel 1969.
[6] Omelia per l'inizio del pontificato, 22 ottobre 1978.

possiamo riconoscere l'aberrante "diritto" alla malattia del peccato? Come accettare che la odierna Chiesa visibile, anziché accogliere il peccatore si sia messa ad accogliere il peccato? È forse questa la autentica Chiesa di Cristo?

Oggi alle guide cieche oso profetare che tra poco assisteremo: da una parte alla morte dei pochi buoni vescovi e sacerdoti che ci restano e che non ce la fanno più a reggere, dall'altra a un elevato abbandono del sacerdozio dei buoni sacerdoti che ridotti a uno stato di totale impotenza perché posti dai gestori della gran *corte dei miracoli misericordista* nella condizione di non poter più agire, preferiranno fare un passo indietro e chiedere per coerenza il ritiro a silenziosa vita privata.

Nel segreto del foro interno e del foro esterno più confratelli mi hanno confidato:

«Un conto è morire martiri della fede per la difesa della verità, un conto morire inutilmente per la pura e irrazionale stupidità degli uomini senza ormai più fede, verità e cristiana dignità».

Ormai da anni sono impegnato a rincuorare questi sofferenti rispondendo:

«Siamo dinanzi alla più temibile di tutte le prove, che da sempre è la più grande e difficile: la prova della fede».

Seguitano a soffrire, ma nessuno, tra i pochi buoni che rimangono, ha finora fatto un passo indietro, perché la Via Dolorosa si percorre e alla croce sul Monte Calvario non si voltano le spalle.

Mistero della fede!

೮౧౪

I

LE TENTAZIONI DELL'UOMO GESÙ

Nella pagina del Santo Vangelo noto come *Vangelo delle tentazioni* siamo di fronte a un paradosso: è veramente accaduto che il Demonio abbia tentato Dio Incarnato, il *Verbum caro factum est*? (cfr. Lc 4, 1-13). Certamente il Demonio ha tentato di colpire Dio nella sua umanità, fingendosi ignaro di quanto Gesù fosse divino nella sua umanità e umano nella sua divinità.

Gli accecati dalla superbia e dal delirio di onnipotenza partono sempre sopravvalutando sé stessi e sottovalutando gli altri, per questo sono destinati alla sconfitta. Può essere che non cadano nell'immediato, cadranno però inevitabilmente al cambio di stagione, col primo appassire dei fiori di campo, semmai nel disperato tentativo di riciclarsi in nuova veste saltando sul carro del nuovo condottiero.

Leggendo il *Vangelo delle tentazioni* verrebbe da pensare che il Demonio sopravvaluti sé stesso e sottovaluti Dio. Come può, colui che sa perfettamente di avere perduto in partenza, giungere al punto di tentare il Verbo di Dio?

Nei primi secoli di vita della Chiesa con la ragione siamo riusciti a cogliere e definire il mistero rivelato della Persona di Cristo: due nature in una persona, quella umana e quella divina.

Grazie alle menti e alla *sapientia cordis* dei grandi Padri della Chiesa, nei primi otto secoli di storia del Cristianesimo si giunse a definire il mistero della Persona di Cristo, che richiedeva anzitutto la creazione di appropriate terminologie, assunte attraverso lemmi attinti dalla filosofia e dal lessico greco[7], modulate e applicate alla nostra prima grande speculazione teologica: riuscire prima a percepire, poi definire cosa s'intendeva dire e trasmettere con le parole

«In principio era il Verbo e il Verbo era presso Dio e il Verbo era Dio» (cfr. Gv 1, 1).

I. IL DEMONIO NON TENTA IL *CRISTO-DIO DELLA FEDE* MA IL *GESÙ-UOMO DELLA STORIA*

Introdotti per mezzo dell'intelletto al mistero del Cristo vero Dio e vero Uomo, la ragione deve cedere il passo alla fede[8], perché a quel punto il problema non è più né lessicale né filosofico. Quando infatti si apre il portale della fede che va oltre l'umano raziocinio, la ragione deve cedere il passo ad altre categorie, per esempio al dono della percezione deposto in ogni uomo dai doni di grazia dello Spirito Santo. Con la ragione umana dobbiamo leggere le righe di questo Vangelo, con la fede frutto della nostra libertà assistita dalla grazia di Dio penetrarle, perché parola dietro parola siamo prima introdotti e poi portati ad avvertire quanto reale e perfetta fosse la natura umana di Gesù.

Parte di questo ineffabile mistero è racchiuso anche in un'altra realtà: quanto in Gesù — vero Dio e vero Uomo

[7] Uno dei termini fondamentali è quello di ιποστασις (*ipostasi*) termine derivante da ιπος "*sotto*" e στασις "*stare*", che per i filosofi neoplatonici e per Plotino è la generazione gerarchica delle diverse dimensioni della realtà appartenenti alla stessa sostanza divina, la quale crea ogni cosa per emanazione. Nel Cristianesimo il processo di *ipostasi* è relativo all'unione dei principi divini e umani, l'incarnazione del divino rappresentata dal Cristo o semplicemente il processo attraverso il quale dal concetto assoluto di Dio si fa derivare necessariamente la sua esistenza sostanziale. Il Concilio di Calcedonia del 451 definirà il dogma di fede sancendo che per opera dello Spirito Santo si compie il mistero della "*unione ipostatica*" della natura divina e della natura umana, della divinità e dell'umanità nell'unica persona del Verbo-Figlio: Gesù il Cristo.
[8] Cf. S.S. Giovanni Paolo II, Enciclica *Fides et Ratio*.

— la perfezione divina potesse coesistere con la fragilità umana. È del tutto evidente che il Demonio non tenta il *Cristo-Dio della fede*, ma il *Gesù-Uomo della storia*, cercando di colpire le fragilità della sua umanità perfetta. Il Demonio tenta di corrompere la perfezione divina di questa umanità come in passato corruppe la nostra umanità creata agli inizi come perfetta da Dio, dando vita attraverso il nostro libero arbitrio e la nostra libertà al peccato originale.

Per tentare l'Uomo Gesù il Demonio punta su quelle umane "fragilità" che lo stesso Verbo di Dio fatto uomo mostrerà a una a una nel corso della sua intera esistenza umana, durante la quale piange e si commuove profondamente, è emotivamente turbato (cfr Gv 11, 35), soffre e avverte paura per la morte:

«Padre, se vuoi, allontana da me questo calice. Tuttavia non sia fatta la mia, ma la tua volontà» (cfr. Lc 22, 41-42).

Gesù sceglie di non rispondere all'autorità quando è interrogato (cfr. Mt 27, 12) e mentre è accusato, anziché replicare si mette a scrivere con un dito per terra (cfr. Gv 8, 6) in modo provocatorio. Si ribella all'ingiustizia perpetrata in nome di Dio dai potentati religiosi del tempo con parole dure, a tratti volutamente offensive, chiamando «razza di vipere» degli zelanti religiosi osservanti (cfr. Mt 12, 34), devoti più alla tradizione che a Dio, ripetutamente li apostrofa «ipocriti» (Mt 23, 13-29). Posto che nella lingua di Gesù chiamare «razza» o «stirpe» di vipere era offensivo non solo per l'interessato ma anche per il suo intero albero genealogico, non pago di ciò reputa opportuno rincarare la dose chiamandoli anche «serpenti» (Mt 23, 33), sapendo perfettamente che nella cultura ebraica dell'epoca — e non solo in quella ebraica — il serpente era considerato טרף

(*taref*, impuro), oltre a essere il simbolo del male. Si infiamma di santa passione e in tono grave afferma e accusa che sulla cattedra di Mosè sono seduti ipocriti che non fanno quel che predicano (cfr. Mt 23, 1-3) ... e detto questo soprassediamo, evitando per umano pudore di chiedere a noi stessi verso quante e quali cattedre si sarebbe scagliato oggi Gesù, soprattutto con quanta maggiore ira. Equipara molti zelanti ecclesiastici dell'epoca ai «Sepolcri imbiancati», premurandosi di precisare quanto queste tombe siano belle fuori ma piene di putrido marciume dentro (cfr. Mt 23, 27). E qui, per capire la portata e la gravità dell'insulto basterà dire che nell'antico giudaismo, come nel moderno ebraismo rabbinico ortodosso, il rapporto con i cadaveri e ciò che di impuro ne deriva è vincolato a tutta una serie di meticolose prescrizioni legate alle norme sulla purità. I כוהנים (*kohanim*, sacerdoti) secondo le prescrizioni bibliche (cfr. Lv 10: 6, 21: 1-5, 44: 20, 44:25) non possono entrare in una casa o sostare in uno spazio ove vi sia una salma. Le regole sulla contaminazione prevedono che i sacerdoti non possano entrare nella stessa stanza dove si trova una salma o avvicinarsi a essa anche a distanza di diversi metri. Secondo la pratica ebraica ortodossa anche i כוהנים di oggi sono tenuti ad evitare la contaminazione rituale come prescritto dal Talmud. Al fine di proteggerli dal contatto o dalla vicinanza dei morti, i cimiteri ortodossi designano un luogo di sepoltura per i membri della casta sacerdotale che si trova a una certa distanza dal cimitero generale, affinché i figli dei כוהנים defunti possano visitare le tombe dei loro padri senza entrare nel cimitero e contaminarsi.

Tutto questo per dire quale portata avesse paragonare degli zelanti religiosi a dei «Sepolcri imbiancati» pieni di putrido marciume dentro e altre frasi a seguire.

II. Dalla santa ira al dolore per il tradimento dell'uomo Gesù.

L'uomo Gesù non esita ad arrabbiarsi e a menar le mani, o meglio le funi (cfr. Mt 21, 12-13; Mc 11, 11-15; Lc 19, 45-46). È pervaso di dolore e forse di intima delusione quando si volge a un suo apostolo con un drammatico quesito: «Giuda, con un bacio tradisci il figlio dell'uomo?» (Lc 22, 48). Riguardo quest'ultima frase due sarebbero le cose alle quali dovremmo prestare attenzione, anzitutto la domanda posta in forma interrogativa che troviamo anche nella versione greca originale, per dire quanto non sia una formulazione né una traduzione casuale: Gesù rivolge una domanda al traditore rimanendo in attesa di una risposta, che però non giungerà mai. Di prassi, se vengono posti loro quesiti i traditori non rispondono, essendo per diabolica natura codardi, perché la forza procede da Dio, la debolezza dal Demonio. Ecco perché l'uomo di Dio è intelligente, mentre l'uomo del Demonio è solo furbo. E mentre oggi seguitiamo a commentare l'episodio e la figura di Giuda[9], non sempre ci poniamo il vero quesito: quanto ha sofferto l'uomo Gesù dinanzi al tradimento di Giuda? O forse, più che per il tradimento in sé, quanto per la mancata risposta da parte sua? Cosa sulla quale dovrebbero meditare quelle nostre Autorità ecclesiastiche che se poste davanti a precise realtà o gravi problemi — dinanzi ai quali solo loro hanno la *potestas* e la responsabilità per procedere all'azione e tentare una soluzione —, anziché reagire e rispondere si chiudono in quel silenzio eretto in parte sull'accidia in parte sullo spirito omissivo che tanto richiama il

[9] Ariel S. Levi di Gualdo: «L'oro dei Magi e il falso amore per i poveri di Giuda Iscariota», Canale *YouTube* de *L'Isola di Patmos*, 23 gennaio 2016
https://www.youtube.com/watch?v=9deJ_2EbmBs

silenzio di Giuda. Bene che vada rispondono in modo ambiguo, o con un vago: «Vedremo, ci penseremo …», ossia con una non-risposta che dimostra la finitezza della totale inconcludenza.

In queste gesta, azioni e parole è racchiusa e manifesta l'umanità di Gesù, che prosegue all'occorrenza a chiamare tutti noi, suoi moderni sacerdoti, dottori della legge e zelanti religiosi ripiegati nell'idolatria delle forme e delle tradizioni umane, coi titoli di nostra legittima spettanza: razza di vipere, ipocriti, serpenti, sepolcri imbiancati … Parole attuali ieri, forse ancora di più oggi. Per questo, quando la Liturgia della Parola ci obbliga a predicare alcuni di questi brani evangelici, lo facciamo sempre parlando al passato, come se la razza di vipere, gli ipocriti, i serpenti e i sepolcri imbiancati non fossimo noi, ma solo i membri di alcune correnti religiose del Giudaismo dell'epoca gesuana, ormai morte e sepolte nella storia.

Queste parole accese di passione, talvolta anche pedagogicamente aggressive, riassumono il mistero storico della concreta umanità e del virile $\pi\alpha\theta\sigma\varsigma$ gesuano, che se non raccolto e penetrato renderà impossibile giungere alla perfetta comunione col Cristo della fede: il Dio incarnato, morto, risorto e asceso al cielo. Ma soprattutto renderà impossibile capire il *Vangelo delle tentazioni*, se non si ha chiaro il mistero dell'Uomo Gesù vero Dio e vero Uomo.

L'Uomo Gesù non può essere mutato in un ibrido santino de-virilizzato a uso e consumo di un mondo ecclesiastico sempre più psicologicamente omosessualizzato. Gesù non è un *biondo bamboccio* con l'occhio azzurro diafano strabuzzato verso il cielo e i piedi sollevati da terra, perché simile rappresentazione è una bestemmia contro il mistero della sua umanità e della sua divinità.

III. I Santi Vangeli non narrano allegorie mitologiche ma fatti storici.

Per leggere il brano evangelico *delle tentazioni* bisogna partire dal dato di fede che il tutto è accaduto realmente e che non si tratta di una allegoria mitologica, come insegnano certi avvelenatori di cervelli messi sulle cattedre delle nostre università ecclesiastiche e che prendendo come oro colato la demitologizzazione dei Santi Vangeli di Rudolf Bultmann, che giudica incomprensibili certe figure e linguaggi, sostenendo che la fede non può ridursi a giudicare vera la narrazione dei miracoli, rendendo necessario liberarli da linguaggi e figure mitologiche per renderli comprensibili all'uomo moderno[10]. A poco vale che il presbitero statunitense e insigne biblista John P. Meier abbia smontato le congetture bultmanniane definendo sconcertante il modo in cui egli cerca di chiarire pagine molto complesse con brevi proposizioni superficiali e vaghe. Eppure certe sue argomentazioni sono state trasmesse a intere generazioni di studenti di teologia[11], grazie all'indisturbata e incontrollata opera di docenti sempre pronti a ridacchiare su San Tommaso d'Aquino, a loro dire «finito e superato», sostituito per questo, assieme a tutti i Santi Padri e dottori della Chiesa, con il meglio del peggio dei teologi di area protestante, con i quali sono stati formati negli ultimi cinque decenni i futuri presbiteri negli studi teologici dei seminari e nelle università ecclesiastiche.

---

[10] (Wiefelstede, 20 agosto 1884 – Marburgo, 30 luglio 1976), opere in traduzione italiana: *Nuovo Testamento e mitologia. Il manifesto della demitizzazione*, Brescia 1990, Editrice Queriniana; *Il problema della demitizzazione*, Brescia 1995, Editrice Queriniana.

[11] John P. Meier: «A Marginal Jew: Rethinking the Historical Jesus», Doubleday, 1991, in traduzione italiana: «Un Ebreo marginale, ripensare Gesù storico», Brescia, 2009, Editrice Queriniana.

Per comprendere certe pagine dei Santi Vangeli è necessario concentrarsi sul dato per niente mitologico della concreta umanità storica, fisica e palpabile del Verbo Divino: l'Uomo Gesù.

La prima tentazione che il Demonio rivolge è l'invito a mutare le pietre in pane, alla quale Gesù risponde con una frase tratta dal libro del Deuteronomio:

«Non di solo pane vivrà l'uomo [...] ma da ogni parola che esce dalla bocca di Dio» (Dt 8,3).

Siamo dinanzi alla tentazione dell'immediato, del tutto e subito in modo concreto e superficiale, mentre invece la nostra concretezza è ciò che esce dalla bocca di Dio, perché quello solo è un pane di vita che porta frutto e nutrimento eterno.

La seconda tentazione è forse la più terribile:

«Ti darò tutta questa potenza e la gloria di questi regni, perché è stata messa nelle mie mani e io la do a chi voglio. Se ti prostri dinanzi a me tutto sarà tuo» (Lc 4, 6-7).

È la tentazione che racchiude in sé l'ambizione e il desiderio di dominio sugli altri. È la brama del comando, del governo inteso non come servizio ai fratelli e alle membra del Popolo di Dio ma come potere per il potere che conduce al perfetto capovolgimento diabolico: servirsi della Chiesa per scopi malvagi nella brama di essere qualcuno. O di diventare un personaggio importante attraverso il sacerdozio[12], meglio attraverso l'episcopato, meglio ancora

---

[12] «[...] *"Salire"* – si può qui vedere anche l'immagine del carrierismo, del tentativo di arrivare "in alto", di procurarsi una posizione mediante la Chiesa: servirsi, non servire. È l'immagine dell'uomo che, attraverso il sacerdozio, vuole farsi importante, diventare un personaggio; l'immagine di colui che ha

attraverso il cardinalato, anziché servire la Chiesa con amore e vedendo sempre in essa il Corpo palpitante di Cristo, la nostra sposa mistica verso la quale noi corriamo incontro con la passione degli sposi innamorati nel giorno delle nozze, come raffigura l'Evangelista Giovanni attraverso la poetica delle sue pagine (cfr. Gv 3, 29). Se quindi il Demonio riesce a prenderci nel punto debole dell'ambizione e della vanità può fare di noi ciò che vuole e ottenere quel che brama sin dalla notte dei tempi: che ci prostriamo a lui e che adorandolo lo chiamiamo Signore.

Per rivolgere all'uomo Gesù l'ultima tentazione Satana si fa teologo, forse anche ecumenista, forse anche progressista politicamente corretto, semmai parlando in tedesco anziché in aramaico. Satana principia a parlare con padronanza biblica come se fosse appena uscito dottorato in sacra teologia dal Pontificio Istituto Biblico:

> «Lo condusse a Gerusalemme, lo pose sul pinnacolo del tempio e gli disse: «Se tu sei Figlio di Dio, buttati giù; sta scritto infatti: "Ai suoi angeli darà ordine per te, perché essi ti custodiscano"; e anche: "essi ti sosterranno con le mani, perché il tuo piede non inciampi in una pietra"». (Lc 4, 9-11).

Il Demonio, come diceva San Girolamo[13] scimmiotta Dio e vuole creare un'altra realtà[14], perché egli è il maestro del capovolgimento, anche di quello della Parola di Dio

---

di mira la propria esaltazione e non l'umile servizio di Gesù Cristo». Dalla Omelia del Sommo Pontefice Benedetto XVI per l'ordinazione di 15 diaconi, Basilica Vaticana IV Domenica di Pasqua, 7 maggio 2006.

[13] Sofronio Eusebio Girolamo, conosciuto in Occidente come San Girolamo (Stridone di Dalmazia 347 - Bethlehem 420). Santo Padre e Dottore della Chiesa, fu il primo a tradurre la Bibbia dall'ebraico e dal greco al latino.

[14] L'esatta locuzione poi ripresa anche da Sant'Agostino è: *Diabolus est simia Dei*, il Demonio è la scimmia di Dio.

usata in modo deviante per compiere azioni malvagie. E solo Dio sa quanto oggi le parole del Santo Vangelo sono progressivamente svuotate del loro vero significato salvifico per essere riempite di altro, perché la distruzione della vera fede è sempre preceduta dalla distruzione del vero significato originario delle parole evangeliche.

L'Uomo Gesù, che grazie a Dio non aveva mai studiato al Pontificio Istituto Biblico e che per indole era politicamente scorretto, la Torah la conosceva meglio del Demonio, quindi replica senza esitare con un'altra citazione tratta dalle Sacre Scritture:

«È stato detto: non metterai alla prova il Signore Dio tuo» (cfr. Dt 6, 16).

Da questa frase emerge in modo chiaro un monito: l'Uomo Gesù ricorda al Demonio che egli è sì vero uomo, ma anche vero Dio, il Verbo di Dio sceso sulla terra per assumere la nostra stessa condizione umana (Cfr. Fil 2, 5-8). Cristo è risorto nel suo corpo umano glorioso che porta sempre impressi i segni indelebili della passione di croce e attraverso il mistero del suo corpo ci chiama e rende partecipi della sua risurrezione. Come infatti recita il testo della III Preghiera Eucaristica nella parte in cui si fa memoria dei defunti quando per essi si celebrano le Sante Messe di suffragio:

«... quando [Cristo] farà sorgere i morti dalla terra e trasformerà il nostro corpo mortale a immagine del suo corpo glorioso».

Infine «Il Diavolo si allontanò da lui ...» leggiamo sul finire di questa pagina del Vangelo del Beato Evangelista

Luca che si conclude con la frase: «… per ritornare al tempo fissato».

Ossia per tornare da noi e tra di noi.

IV. Perché l'uomo Gesù non è tentato neppure indirettamente attraverso la lussuria?

Posto che la morale cattolica è cosa del tutto diversa dal moralismo di certi catto-sessuofobici, leggendo questa pagina bisognerebbe notare, poi prendere atto, che nel tentare l'uomo Gesù il Demonio non usa in alcun modo, direttamente o indirettamente, la sessualità umana e il peccato di lussuria. Se la lussuria fosse stato il peccato dei peccati, come i moralisti sessuofobici la intendono, nella sua azione di tentazione il Demonio vi avrebbe fatto immediato ricorso. Tuttavia non dice all'uomo Gesù che se avesse fatto quella tal cosa avrebbe posto come ricompensa ai suoi piedi tutte le donne più belle, vogliose ed erotiche di questo mondo, gli promette la gloria e la potenza dei regni della terra.

Tutta la struttura narrativa delle tentazioni del Demonio è interamente sorretta su quello che da sempre è il vero peccato dei peccati: la superbia, per la quale il Maligno usa come elemento di istigazione l'umana vanità.

Può essere che nessuno si sia mai interrogato sul perché in quelle tentazioni non vi fosse niente di legato alla sfera della sessualità umana, neppure indirettamente?

Se taluni si ponessero questo quesito troverebbero tante risposte e si libererebbero di tante irrinunciabili ossessioni alle quali sono morbosamente affezionati, entrando infine nell'ordine d'idee che la regina di tutti i peccati capitali che come auriga se li trascina tutti dietro è la superbia. Adamo ed Eva non commisero un peccato di lussuria, commisero un peccato di superbia contro Dio.

Satana esiste oggi più di ieri. Non è un'immagine simbolica, non è — come lo definirono alcuni teologi degli anni Settanta, le cui teorie furono all'epoca usate per formare molti di quelli che oggi sono divenuti nostri vescovi — «una raffigurazione mitico-allegorica delle antiche paure ancestrali dell'uomo». Satana esiste ed è persona, ed in tutta la sua diabolica realtà vuole rubarci più che mai la nostra immagine e somiglianza con Dio. Per commettere questo grande furto da sempre gioca con le parole, specie quelle ambigue, svuotando la Parola di Dio dal suo vero significato salvifico per riempirla d'altro e annichilire il nostro stupore e il nostro amore di fronte a Dio incarnato morto e risorto, che nella sua unica persona racchiude la perfetta natura umana e la perfetta natura divina, insegnandoci a essere veri uomini per essere veri figli di Dio nel modo in cui Dio ci ha pensati, creati e amati prima ancora dell'inizio dei tempi.

⊱❦⊰

II

L'AMBIGUITÀ CHE GENERA LA *AMORIS TRISTITIA*

Nel 2015 si tenne a Roma il Sinodo sulla Famiglia che già prima dell'inizio delle discussioni ribattezzai *Il sinodo-termometro*. Dissi interloquendo con vari confratelli e teologi partecipanti a quel sinodo:

«Se i Padri Sinodali sfioreranno solo di lontano temi legati alla sessualità umana assisteremo a una baraonda senza precedenti, roba da far impallidire gli antichi Padri che nell'anno 325 si presero più volte a legnate tra di loro durante le assemblee del Concilio di Nicea».

Presto spiegato il motivo: finché si tratta dei gravi peccati verso la carità, per esempio a danno di deboli o lavoratori sfruttati contro i quali tuona con santo fervore la dottrina sociale della Chiesa, ricordando per bocca del Sommo Pontefice Leone XIII che non pagare la giusta mercede all'operaio è uno dei «peccati che gridano verso il Cielo» (cfr. Dt 24,14-15; Gc 5,4)[15], per certi personaggi pare andar tutto bene. Anzi, proprio i più rigorosi in materia di morale sessuale se ne escono fuori con l'infelice battuta di supina accettazione, ma quel che è peggio di vera e propria istigazione alla passiva, intollerabile rassegnazione:

«Eh, questa è la realtà, perché così va il mondo!».

Però, su un preservativo o una pillola contraccettiva, o sull'unione di due divorziati civilmente risposati non si transige. In quei casi — e per taluni solo in quei casi — si spalancano le porte dell'Inferno. Se poi un lavoratore sottopagato in nero che accetta per necessità di essere sfrut-

---

[15] Cfr. S.S. Leone XIII, Enciclica *Rerum Novarum*, n. 17. Roma, 15 maggio 1891. Vedere anche Catechismo della Chiesa Cattolica: n. 1867.

tato cade da una impalcatura al quarto piano di un palazzo e muore sul colpo, quella è altra cosa. L'importante è che sia stato regolarmente sposato, non convivente con una donna divorziata, o che sua moglie non usasse la pillola contraccettiva, perché se erano sposati e non usavano contraccettivi il morto sarà di certo nel Paradiso. Invece, per quanto riguarda chi lo ha sfruttato ponendo a rischio la sua vita, vige l'infelice battuta di supina accettazione, ma quel che è peggio di vera e propria istigazione alla passiva, intollerabile rassegnazione:

«Eh, questa è la realtà, perché così va il mondo!».

Nessuno di quei moralisti ossessionati dalla sessualità umana oserà mai inveire «No, alla Santa Comunione agli sfruttatori dei lavoratori!», citando a tal proposito molte pagine precise e specifiche del Magistero della Chiesa, perché un simile divieto si applica solo ai divorziati risposati secondo quanto disposto dalla disciplina dettata dal Santo Pontefice Giovanni Paolo II nella sua Enciclica *Familiaris Consortio*. Invece, dinanzi alle severe e dure condanne date dal Sommo Pontefice Leone XIII nella sua dottrina sociale riguardo le forme di sfruttamento dei lavoratori, a coloro che li hanno sfruttati per proprio avido interesse sino a mettere a rischio le loro vite si applicherà l'infelice battuta di supina accettazione, ma quel che è peggio di vera e propria istigazione alla passiva, intollerabile rassegnazione:

«Eh, questa è la realtà, perché così va il mondo!».

Desidero chiarire sin dall'inizio di questa mia esposizione che a simili generi di pensieri e giochi perversi non ci sono mai stato né intendo starci come uomo e come cattolico, come presbitero e come teologo. Questo libro intende esserne prova lucida e obiettiva in aperta critica rivolta sia a coloro che vorrebbero applicare alla Chiesa il carente senso morale del mondo e la sua sessualità disordinata e senza alcuna regola, sia a coloro che sono animati da quelle forme di cupo moralismo che niente ha da spartire con la sana e autentica morale cattolica, retta sulla più importante delle virtù teologali: la carità (cfr. I Cor 13), non certo sul principio della *summa lex summa iniuria*[16]. E la verità si regge sulla carità, mentre la carità è tale se retta dalla verità[17]. Perché è sulla carità che saremo giudicati da Dio.

I. L'UTERO DELL'ELEFANTESSA SINODALE PARTORISCE IL TOPOLINO DI CAMPAGNA: *AMORIS LAETITIA*.

Dopo la chiusura delle discussioni, il 19 marzo 2016 l'utero dell'elefantessa partorì il topolino di campagna della Esortazione Apostolica post-sinodale *Amoris Laetitia*, un marchingegno di ambiguità costruito sul detto e non detto, su frasi ambigue a doppio senso, sentimentalismi emotivi e tanti sociologismi che decretano di fatto la morte di quello che per secoli è stato il linguaggio preciso, deciso e non passibile di equivoci del Magistero della Chiesa sorretto sui più solidi e chiari principi della metafisica classica, da tempo messa in soffitta per lasciare spazio al romanticismo tedesco decadente e al cuoricino che palpita e che guarda all'immediato del proprio soggettivo "io" anziché al futuro e a Dio.

Chi di noi si è formato in ambito teologico sulle pagine del recente sommo magistero dei Pontefici Pio XII,

---

[16] Con questa celebre espressione Marco Tullio Cicerone indica che usare il diritto e applicare le norme giuridiche con disumano rigore può generare le forme di peggiore ingiustizia (cfr. *De officiis*, I, 10, 33). Frase che forse prese da Publio Terenzio Afro: «*Ius summum saepe summa est malitia*», la somma giustizia equivale spesso alla somma malizia (cfr. *Heautontimorumenos*, IV, 5).

[17] S.S. Benedetto XVI, Enciclica *Caritas in veritate*, 29 giugno 2009.

Paolo VI, Giovanni Paolo II, facendo tesoro della grande omiletica di Benedetto XVI, degna dei sermoni del Santo Pontefice Gregorio Magno, nel leggere certi documenti recenti o udendo taluni predicozzi giornalieri da curato di campagna svaporato, può giungere ragionevolmente a dire che dalle aquile reali si è passati ai polli d'allevamento in batteria intensiva, come a volte è accaduto a intervalli ciclici nella storia della Chiesa, anche se mai ai livelli desolanti di questi nostri tempi.

S.E. Mons. Victor Manuel Fernandez, attuale Arcivescovo de La Plata, all'epoca della stesura del documento finale ha lavorato come *ghost-writer* del Sommo Pontefice, lo sanno persino Cortesina e Zorro, i due gatti del Sommo Pontefice Benedetto XVI. Purtroppo lo ha fatto in modo goffo, facendo finire nel testo dell'Esortazione Apostolica post-sinodale dei pezzi di suoi articoli risalenti al 2004. Fu difatti in quell'anno 2004 che si tenne a Buenos Aires un convegno che prese in esame l'Enciclica *Veritatis Splendor* del Santo Pontefice Giovanni Paolo II e la teologia sulla famiglia, la cui finalità era di riportare la morale cattolica nel suo naturale alveo metafisico e cristologico, in aperta contrapposizione alle derive generate da quel pensiero pragmatista per il quale non esiste più ciò che è bene e male ma ciò che è meglio e peggio.

Poco dopo l'evento di quel convegno, l'attuale Arcivescovo de La Plata scrisse un paio di articoli critici per difendere il principio dell'etica della situazione tanto caro ai Gesuiti, che verso la metà del XVII secolo dettero vita a quella casistica che, spinta all'eccesso attraverso la teoria del lassismo, può portare ad affermare che in presenza di un dubbio sulla validità di una legge si è autorizzati a non seguirla. Teoria ripetutamente condannata in quell'epoca storica dal Sant'Uffizio. Condanna confermata anche di recente nel 1956 dal magistero del Sommo Pontefice Pio XII[18] e da quello del Santo Pontefice Giovanni Paolo II[19] nel 1993.

È necessario aprire un inciso tra le righe e spiegare che cosa s'intende per "casistica" e per "lassismo". La casistica o casuistica si sviluppa nel XVII secolo come un cancro con metastasi all'interno dei Gesuiti, allo scopo di esaminare i vari casi di coscienza e tutte quelle situazioni che generano conflitti con la norma morale. Da ciò può conseguirne la scelta di seguire i dettami della propria coscienza soggettiva anziché l'imperativo della legge morale. Per lassismo, o cosiddetta coscienza lassa o rilassata, s'intende il soggetto che considera come mancanza o peccato di poco conto ciò che invece è di per sé grave. Da ciò può derivarne il ritenere giusto quel che è ingiusto e consentito quel che è moralmente proibito, dando ascolto ai dettami della propria coscienza soggettiva anziché agli imperativi oggettivi della legge morale estesa *erga omnes*.

Nessuno storico della Chiesa è riuscito a individuare un solo precedente in cui gli scritti di un autore siano stati rimaneggiati e dallo stesso inseriti in un documento del sommo magistero dato come esortazione apostolica post-sinodale. Per come le cose stanno andando non vi sarà però da stupirsi se un giorno scopriremo pezzi copiati di sana pianta dalla Enciclopedia Libera Wikipedia e incollati dentro qualche Costituzione Apostolica, grazie all'esercito di sotto-mediocri vanesi finiti da anni nei ruoli più delicati

---

[18] Cfr. Suprema Sacra Congregazione del Sant'Offizio, Istruzione sulla «etica della situazione» *Contra doctrinam* (2 febbraio 1956): AAS 48 (1956), 144.
[19] Cfr. Enciclica *Veritatis Splendor*, n. 59.

all'interno della Chiesa, con tutti i danni conseguenti che brillano alla pubblica luce del sole.

II. La piaga dei Gesuiti che ha sviluppato all'interno della Chiesa un cancro con metastasi di cui certe ambiguità della *Amoris Laetitia* sono paradigma e prodotto finale.

Quando ci si rivolge in toni critici a popoli, gruppi di persone, comunità o istituzioni sociali, politiche e religiose, è sempre bene precisare "certi", "alcuni", volendo anche "molti", ma sempre evitando di affermare "tutti", semmai procedendo a generalizzare in modo inopportuno e ingiusto, ma soprattutto pericoloso. Però, se parliamo dei membri della Compagnia di Gesù di Sant'Ignazio di Loyola, da tempo ridotta a una "allegra" *Compagnia delle Indie*, la generalizzazione è giusta e dovuta. Dinanzi a certe derive dottrinali sarebbe scorretto e irrazionale addolcire il discorso precisando "certi Gesuiti" o "alcuni Gesuiti", sottintendendo a questo modo che esistono anche dei buoni Gesuiti meritevoli come tali di essere salvati da ingiuste e pericolose generalizzazioni.

Affermare che i buoni gesuiti oggi non possono esistere è un asserto razionale e logico. Un buon elemento non potrebbe mai entrare nella Compagnia di Gesù o come qualsivoglia nella *Compagnia delle Indie*, perché i Gesuiti non glielo permetterebbero mai. Un elemento dotato di una autentica vocazione, animato da profonda e ortodossa dottrina cattolica, dentro la odierna *Compagnia delle Indie* sarebbe a disagio e fuori luogo, oltre che mai accettato. Allo stesso modo in cui una giovane vergine con la vocazione alla vita religiosa claustrale non potrebbe mai essere accolta dentro un postribolo, né le prostitute che lavorano in quella casa di piacere la accetterebbero al suo interno a recitare rosari alla Vergine Maria e a promuovere le caste virtù delle vergini consacrate. Dunque i Gesuiti "buoni" non esistono né possono esistere, perché per essere ammessi al loro interno si richiede come prerogativa di essere "cattivi" e soprattutto non cattolici. Poi, se per buoni si intendono quei soggetti che, pur consapevoli dell'errore e del male praticato e diffuso dai loro confratelli, lo accettano supini e omissivi senza agire e reagire in alcun modo, costoro saranno i peggiori in assoluto, quelli verso i quali tuona la Sacra Scrittura:

> «Conosco le tue opere: tu non sei né freddo né caldo. Magari tu fossi freddo o caldo! Ma poiché sei tiepido, non sei cioè né freddo né caldo, sto per vomitarti dalla mia bocca» (Ap 14, 15-16).

Il grave e pericoloso problema della Compagnia di Gesù e delle sue derive in materia di dottrina e di fede, che una volta uscite fuori controllo si sono estese all'interno di tutta la Chiesa attraverso i loro pensatori e teologi-bandiera, era chiaro al Sommo Pontefice Giovanni Paolo I, che preparò un discorso di fuoco per la Congregazione Generale nel 1978. Non fece in tempo a pronunciarlo perché dopo un mese morì.

Il suo successore Giovanni Paolo II lo fece proprio con qualche ritocco e lo pronunciò lui. Ma non si limitò a questo, perché è noto che il futuro Santo Pontefice mise a lavoro *sub secreto pontificio* una commissione formata dai più eminenti canonisti — tra i quali il futuro Cardinale Mario Francesco Pompedda —, per studiare le modalità della loro definitiva soppressione.

A convincerlo di recedere da questo proposito fu principalmente il Cardinale Agostino Casaroli che lo persuase a limitarsi a commissariarli nel 1981, con il risultato di incattivirli di più e renderli subdolamente critici oltre misura verso il magistero di Giovanni Paolo II e di Benedetto XVI. Tutto il resto è storia dei nostri giorni.

Il venezuelano Arturo Sosa Abascal, in una sua intervista[20] ha esploso colpi di mortaio pesante sull'intero impianto dottrinale cattolico. Il personaggio in questione non è "un gesuita" appartenente ad "alcuni gesuiti" o a "certi gesuiti", ma il Preposito Generale della Compagnia di Gesù. Presto detto: se così si esprime un generale, in che modo possono esprimersi e agire i soldati dell'armata da lui comandata? O per dirla con il Santo Vangelo:

«Può forse un cieco guidare un altro cieco? Non cadranno tutt'e due in una buca? (Lc 6, 39).

In questa intervista il Preposito Generale mostra un aperto relativismo per quanto riguarda le interpretazioni umane del Vangelo, estendendo indebitamente questa relatività anche al Magistero della Chiesa, negando l'esistenza e la possibilità di chiarificazioni definitive dei testi evangelici, vale a dire il dogma. Le sue risposte denotano una impostazione che oltrepassa lo stesso Protestantesimo classico per trascendere in quello più radicale di matrice post-calvinista. Lo stesso che emerge dalle speculazioni di

---

[20] Giuseppe Rusconi: «Gesuiti: Padre Sosa: parole di Gesù? da contestualizzare!», intervista al Preposito Generale della Compagnia di Gesù, in *Rosso Porpora*, edizione del 18 febbraio 2017, edita anche sul quotidiano della Svizzera cattolica italiana *Il Giornale del Popolo*, edizione del 18 febbraio 2017
https://www.rossoporpora.org/rubriche/interviste-a-personalita/672-gesuiti-padre-sosa-parole-di-gesu-da-contestualizzare.html

teologi cattolici come il Gesuita Karl Rahner e il Domenicano Edward Schillebeeckx.

Il Preposito Generale della Compagnia di Gesù cade in una serie di false affermazioni teologiche[21], dalle quali è bene guardarsi come da infezione da virus HIV, perché possono mettere in pericolo la fede e generare quell'*AIDS teologico* ormai da tempo esploso e diffuso, soprattutto grazie ai Gesuiti. Prendiamo adesso, a una a una, le sue perle di "saggezza", perché ci saranno utili per capire il presente che stiamo vivendo e certi dibattiti fanta-teologici e fanta-morali su *Amoris Laetitia* e il delicato tema del matrimonio e della famiglia.

A proposito dell'insegnamento di Cristo sul matrimonio il Preposito Generale dei Gesuiti afferma:

«Quello che si sa è che le parole di Gesù vanno contestualizzate, sono espresse con un linguaggio, in un ambiente preciso, sono indirizzate a qualcuno di definito».

Affermazione falsa e perniciosa. Queste parole non sono insegnate a «qualcuno di definito», ma a tutta l'umanità, in tutti i tempi e in tutti i luoghi. Il contesto e l'ambiente non interessano e non incidono perché può trattarsi di qualunque contesto e di qualunque ambiente, visto che la Parola di Dio non è né *delimitata* né *finita*, ma infinita e come tale proiettata nell'eterno.

«Non si tratta di mettere in dubbio la parola di Gesù, ma la parola di Gesù come noi l'abbiamo interpretata».

---

[21] Cfr. precedente nota n. 20.

Altra affermazione falsa e pericolosissima. Chi sono questi «noi»? Tra questi «noi» c'è il Magistero della Chiesa, la cui interpretazione delle parole del Signore non può essere messa in dubbio, essendo il Magistero assistito dallo Spirito Santo. Invece, delle interpretazioni degli esegeti si può dubitare — anzi di questi tempi è bene dubitare! —, perché non sono infallibili. E in questi casi può essere necessaria una reinterpretazione o possono esistere più interpretazioni probabili.

> «Il Vangelo è scritto da esseri umani, è accettato dalla Chiesa che è fatta di persone umane».

Falso e pericolosissimo. Il Vangelo è stato scritto sì da esseri umani — gli "agiografi" —, ma ispirati da Dio a scrivere tutto e solo ciò che Egli ha voluto che scrivessero. E si tratta di verità soprannaturali, superiori all'umana ragione. Per questo il Vangelo non è parola umana ma Parola di Dio, benché espressa in parole umane. La Chiesa è fatta sì di persone umane ma nel suo alto Magistero comprende e interpreta infallibilmente le parole di Cristo e le insegna al Popolo di Dio, esegeti compresi, che possono avanzare teorie interpretative di quei passi della Scrittura che non siano già chiari per sé stessi, o che non siano stati chiariti dal Magistero. Quando invece un passo biblico è di per sé chiaro o è stato chiarito dal Magistero, il suo significato non può essere messo più in dubbio, perché si tratta di verità divine, immutabili, morali o dogmatiche. Per esempio: l'essenza del matrimonio come Sacramento è una di queste verità. Invece può esser messa in discussione l'interpretazione di qualche esegeta, relativa ai passi ancora oscuri o di dubbia interpretazione, perché può essere sbagliata o soggetta a diversa interpretazione. Quando però il Magistero avoca a sé il diritto-dovere di interpretare, come per esempio il primato di Pietro esposto nel testo evangelico del Beato Evangelista Matteo «tu sei Pietro ...» (cfr. 16,18), tale interpretazione è chiara e definitiva e nessun fedele, anche se esegeta, può permettersi di mettere in dubbio «...e su questa Pietra edificherò la mia Chiesa» (cfr. 16,18). Proprio a tal riguardo l'errore di Lutero è stato di voler mettere in discussione questa interpretazione, che dev'essere invece fuori discussione e ritenuta assolutamente certa e immutabile. Il Preposito Generale dei Gesuiti si mostra quindi influenzato da Lutero in modo inquietante.

«La Chiesa ha sempre ribadito la priorità della coscienza personale».

Falso e totalmente fuorviante. È dal XVII secolo che i Gesuiti fantasticano su un male inteso concetto di "coscienza sovrana", incuranti, ieri e oggi, che la Chiesa ha sempre insegnato la priorità della verità sulla coscienza e quindi il dovere della coscienza di adeguarsi alla verità, proprio come insegna il Beato Apostolo:

«Le armi della nostra battaglia hanno da Dio la potenza di abbattere le fortezze, rendendo ogni intelligenza soggetta all'obbedienza al Cristo» (cfr. II Cor 10, 3-5).

La coscienza è soggetta alla verità, non padrona della verità. Certo, occorre agire liberamente come detta la coscienza (cfr. II Cor 1,12), usando però sapienza morale e senso di giustizia. In caso contrario si sarebbero dovuti giustificare e assolvere tutti i gerarchi nazisti che al Processo di Norimberga si difesero dicendo di avere solamente ubbidito a ordini superiori. Indubbiamente ubbidirono, ma dinanzi a simili ordini criminali costati diversi milioni di morti innocenti, il loro senso di morale e giustizia sorretti dalla libertà nella verità e dalla verità nella libertà, dove era?

Nessuno può essere costretto ad agire o impedito di agire contro la sua coscienza (cfr. I Cor 10, 29), fatta eccezione per la salvaguardia della propria vita, della vita degli altri e del bene pubblico in generale. Ma la coscienza deve essere informata, formata ed educata, benché sia scusato chi erra in buona fede (cfr. Lc 23, 34) per quella che in ambito teologico e morale è da sempre indicata come «ignoranza inevitabile» o «ignoranza invincibile».

La libertà della coscienza nasce quindi dalla verità, perché è solo conoscendo la verità che saremo veramente liberi (cfr. Gv 8, 32), in caso contrario si può spegnere la coscienza morale e poi difendersi affermando di avere solamente ubbidito a ordini superiori.

> «Dottrina è una parola che non mi piace molto, porta con sé l'immagine della durezza della pietra».

Qui, più che la blasfemia, si rasenta veramente lo squilibrio dottrinale. La parola «dottrina» non è una parolaccia ma una immagine significativa e appropriata di origine biblica (cfr. Mt 7,24; II Sam 22, 2; Sal 31,4; 62, 3; 73, 26; 89, 27, etc..), perché indica saldezza, certezza, incorruttibilità, affidabilità, doti eminenti della Parola di Dio, che è Parola luminosa e inequivocabile che non ha bisogno di *reinterpretazioni*, sullo stile della ereticale *ecclesiogenesi* di Leonard Boff, di cui si avverte tutto il *fumus* dietro le righe di questa intervista. Un teologo e un ecclesiologo — Leonard Boff — del quale nessuno può negare la profonda cultura teologica, le acute capacità e il grande talento, usati purtroppo per colpire la dottrina cattolica anziché per servirla, tutelarla e diffonderla nel migliore dei modi.

Dottrina è una parola alla quale non si sfugge, tanto chiaro è il suo significato: Parola di vita eterna, Parola che non passa (cfr. Mt 24,35) perché è Dio stesso, immutabile ed eterno. Parola che ci è interpretata e mediata chiaramente, infallibilmente e immutabilmente dal Magistero della Chiesa. Questa è la dottrina e questo significa la parola dottrina. È pertanto un gran brutto segno se al Preposito Generale dei Gesuiti questa parola non piace. È segno che egli confonde la *saldezza* con la *rigidezza* e, per rifiutare questa, trascura quella. E questo è un grave errore, nonché l'astuzia di coloro che trascurano i valori morali assoluti dandosi una patina di misericordiosi, pronti però a mollare la mazza ferrata della *nuova misericordia* addosso a chiunque osi non pensarla come loro, con tutta la tipica violenza degli opportunisti e dei voltagabbana. Per non dire quanto siano coercitivi nell'imporre i loro *dogmatismi* dopo avere distrutta la saldezza del dogma che sta a fondamento del deposito della fede.

Come ci esorta Cristo stesso dobbiamo invece costruire la nostra casa sulla roccia, perché non crolli miseramente all'infuriare dei venti. È infatti il cuore — la nostra attitudine nel campo della carità e della prudenza — che dev'essere tenero e duttile. Dev'essere «cuore per i miseri» e non rigido o di pietra, ma attento alle esigenze e alle possibilità di ciascuno, secondo le situazioni e le circostanze, sapendo eccepire nei casi in cui è necessario. Ma qui la dottrina non c'entra, se non in quanto essa dev'essere applicata con saggezza e fedeltà. La dottrina dev'essere solida come la roccia, affinché la nostra casa sia robusta e incrollabile e il nostro agire fondato sulla Parola di Dio e la dottrina della Chiesa, non sulle sabbie mobili di questo discepolo mal riuscito di Rudolf Bultmann, di Edward Schillebeeckx e di

Karl Rahner, che si dichiara assalito da orticaria dinanzi alla parola "dottrina".

«Un vero discernimento non può prescindere dalla dottrina, però può giungere a conclusioni diverse dalla dottrina».

Anche questo è falso, ma c'è purtroppo di peggio: siamo dinanzi alla eterodossia che si gloria di sé stessa. Le conclusioni pratiche o pastorali, per essere sagge, prudenti, giuste, lecite, doverose e benefiche, non devono essere altro che la dottrina tradotta nei fatti. Le conclusioni pratiche, nel fattuale concreto devono essere coerenti con la dottrina o con l'ideale universale, concepito dalla ragion pratica o dalla fede — la legge morale —, dalla quale partono e sulla quale si fondano.

L'atto umano concreto non è che l'applicazione di un principio astratto, oggetto del giudizio o della scienza morale, che guida nell'azione. Così funziona l'agire umano sia nel bene come nel male. Certamente l'esempio concreto è più trainante della considerazione astratta del principio. Ma l'esempio dev'essere l'attuazione del principio. Il «concludere» nella prassi diversamente dalla dottrina o dalla teoria non è affatto un retto concludere ma sofisma, è inganno e finzione. Infatti, supposto che la dottrina sia sana, ossia comandi il bene, ne consegue che l'agire «diversamente» è un fare il male, attesa la diversità, anzi l'opposizione radicale del male al bene.

Su questa stessa linea pericolosa si è già espresso il Monaco camaldolese e biblista Guido Innocenzo Gargano, affermando che Gesù Cristo, nel Vangelo del Beato Evangelista Matteo (cfr. 19, 6), afferma che è «per i duri di cuore» che vale sempre la legge di Mosè. Offrendo una nuova interpretazione delle parole di Gesù, che su matrimonio e divorzio afferma:

> «[…] "Quello dunque che Dio ha congiunto, l'uomo non lo separi"». Gli obiettarono: "Perché allora Mosè ha ordinato di darle l'atto di ripudio e mandarla via?". Rispose loro Gesù: "Per la durezza del vostro cuore Mosè vi ha permesso di ripudiare le vostre mogli, ma da principio non fu così. Perciò io vi dico: Chiunque ripudia la propria moglie, se non in caso di concubinato, e ne sposa un'altra commette adulterio" (Mt 19, 6-9).

Se fosse come sostengono certi esegeti giocando su espressioni non particolarmente chiare racchiuse in *Amoris Laetitia*, dovremmo prendere atto che la Chiesa Cattolica ha confuso il senso ed errato per secoli a sostenere l'indissolubilità del matrimonio[22]. Una esegesi del genere si presta a essere contestata e smontata in radice, a ben considerare che il suo estensore trascura che in quel passo il Cristo si riferisce a una *norma da Lui abolita* e sostituita con la Legge della indissolubilità:

> «Non pensate che io sia venuto ad abolire la Legge o i Profeti; non son venuto per abolire, ma per dare compimento» (Mt 5, 17).

La risposta al quesito e la spiegazione all'agire del Verbo di Dio è tutta racchiusa in una sola parola: «compimento». Preceduta da un preciso chiarimento dato in un altro passo del Santo Vangelo:

---

[22] Guido Innocenzo Gargano: «Misericordia io voglio e non sacrificio», edito nel quadrimestrale di teologia della *Urbaniana University Journal* e riportato integralmente da Sandro Magister il 16 gennaio 2015 nel servizio: «Per i "duri di cuore" vale sempre la legge di Mosè» in *Chiesa Espresso.it*
http://chiesa.espresso.repubblica.it/articolo/1350967.html

«Gesù gli disse: "Io sono la via, la verità e la vita; nessuno viene al Padre se non per mezzo di me" (Gv 14, 6).

Affermando:

«Per la durezza del vostro cuore Mosè vi ha permesso di ripudiare le vostre mogli, ma da principio non fu così» (Mt 19, 8).

il Verbo di Dio intende ripristinare il matrimonio dello stato di innocenza prima del peccato originale, «in principio», ossia conformemente al piano divino originario della creazione. A meno che non si voglia cadere in forme di bizzarra confusione bisogna notare l'enorme differenza che corre tra il matrimonio mosaico e quello cristiano. Il primo era un semplice contratto finalizzato alla procreazione stilato a tempo indeterminato, che però può essere sciolto o annullato nel momento in cui per una delle parti o per entrambe sorgessero fatti o eventi che dovessero far venir meno le ragioni che lo avevano motivato. Da qui la solubilità del matrimonio mosaico col famoso *libello di ripudio*. Invece, il matrimonio-sacramento istituito da Gesù Cristo è un matrimonio che, al di là dell'aspetto contrattuale, è una vera e propria unione intimissima di persone, tanto che Egli usa l'espressione: «una sola carne» (cfr. Gen 2, 18-24; Mc 10, 2-16). Da qui la sua indissolubilità, perché non ha senso dividere una cosa che è una.

Il contratto mosaico, dal canto suo, teneva conto dello stato di natura decaduta conseguente al peccato originale, stato che comporta quella che il Cristo chiama «durezza di cuore», cioè quella concupiscenza, quella difficoltà di dominare l'istinto sessuale, quella tendenza egoistica, quella tendenza dell'uomo a dominare e a sfruttare la donna, quella incostanza e volubilità di volontà e di sentimenti che sono il triste lascito del peccato originale. Ora, è chiaro che il matrimonio cristiano è sempre l'unione di due poveri figli di Adamo, tuttavia Gesù, con la forza della sua grazia e i suoi insegnamenti morali, soprattutto quelli relativi alla carità, ha voluto in qualche modo non solo ripristinare il matrimonio edenico, ma elevarlo alla dignità di Sacramento, il che vuol dire renderlo mezzo soprannaturale di redenzione e di salvezza eterna, vita di figli di Dio, pegno della futura resurrezione e, come spiegherà poi il Beato Apostolo Paolo, immagine dell'unione di Cristo con la Chiesa (cfr. Ef 5, 21-33). Mentre lo scioglimento del matrimonio mosaico, alle condizioni richieste, può essere una cosa buona e legittima, lo scioglimento del matrimonio cristiano è impossibile e il tentarlo è illegittimo e peccaminoso. Da qui il peccato di adulterio come *intrinsece malum* secondo l'insegnamento della Chiesa.

Il magistero pontificio che il Preposito Generale della Compagnia di Gesù è tenuto a difendere non è solo il testo di *Amoris Laetitia*, dal quale molti stanno tirando fuori ciò che vogliono, ma tutto il Magistero della Chiesa. Difesa che necessita di essere fatta con solidi argomenti di sapienza storica, filosofica e teologica, non con discorsi sofistici e argomenti fasulli e pseudo-esegetici, che finiscono con l'ottenere un effetto controproducente, gettando discredito, magari senza volere, sull'autorità di colui che si vorrebbe rappresentare, spingendo infine i fedeli su sentieri contrari alla verità, o bene che vada in pasto alla totale confusione. Quanto di peggio per ergersi a difesa del Romano Pontefice. Quanto di peggio per governare quella Compagnia di Gesù dal seno della quale, a partire dagli anni Sessanta del Novecento, sono stati seminati e diffusi all'interno della Chiesa i peggiori veleni in nome di un male inteso concilio, di un male inteso ecumenismo, di una male intesa apertura, per seguire con tutte le peggiori derive teologiche: la *teologia della liberazione*, la *teologia femminista*, la *teologia indigenista*, la *teologia del popolo*, la *teologia della affettività* … sino a giungere alla diffusione della *teologia della morte di Dio*, secondo le devastanti teorie del protestante Paul van Buren, attraverso il quale si giunge alla esaltazione teologica di quella straordinaria mente geniale di Friedrich Nietzsche, che fa dire a Zarathustra: «*Gott ist tot*», Dio è morto.

È per questo che non ci si può riferire ai Gesuiti dicendo "certi" o "alcuni", ma dicendo: tutti. Perché da un albero prima marcito e poi completamente essiccato non possono nascere buoni frutti:

> «Si raccoglie forse uva dalle spine, o fichi dai rovi? Così ogni albero buono produce frutti buoni e ogni albero cattivo produce frutti cattivi; un albero buono non può produrre frutti cattivi, né un albero cattivo produrre frutti buoni» (Mt 7, 16-18).

A insegnarcelo è il Santo Vangelo rivolgendo questo invito ai *Christi fideles*:

> «Guardatevi dai falsi profeti che vengono a voi in veste di pecore, ma dentro son lupi rapaci. Dai loro frutti li riconoscerete» (Mt 7, 15-16).

In queste pagine, Gesù Cristo non sta forse parlando di tutti i Gesuiti, del loro Preposito Generale e della loro intera struttura venefica sorretta alla base da un impianto deformante e non cattolico, che da decenni mira a diffondere un pensiero non cattolico all'interno della Chiesa?

Il limite strutturale della *Amoris Laetitia* è quello di essere un testo socio-emotivo costruito su un linguaggio ambiguo e fumoso, brulicante pagine di discorsi a vuoto vergati da penne che si credono libere ma che di fatto sono rimaste intrappolate nel modo di pensare e di agire degli anni Settanta del Novecento. Questa Esortazione Apostolica tratta una variegata serie di aspetti pastorali, anche se il tutto è stato ridotto a una diatriba sul "sì" o "no" all'ammissione dei divorziati risposati alla Santa Comunione Eucaristica. Un po' come la Enciclica *Humanae Vitae* del Santo Pontefice Paolo VI, di cui molti parlano ma che pochi hanno letta e studiata — ahimè laici cattolici impegnati e militanti inclusi —, affermando che si tratta di quel famoso documento che in pieno 1968 proibì l'uso degli anticoncezionali. Non è vero. Nei suoi 31 articoli la *Humanae Vitae* parla di vari temi profondi e complessi legati al matrimonio, alla famiglia e alla vita. Dopo alcune dettagliate spiegazioni introduttive contenute agli articoli 10-17, il Sommo Pontefice Paolo VI dedica un solo articolo, il n. 14, alla contraccezione, racchiuso sotto il titolo «Vie illecite per la regolazione della natalità». Ma per la vulgata *Humanae Vitae* è stata ridotta alla "enciclica dei preservativi".

Su *Avvenire*, organo ufficiale della Conferenza Episcopale Italiana, è apparso un articolo infelice che trattava il complesso argomento della Comunione per le coppie dei divorziati risposati[23]. Neppure un gruppo di comari in fila

---

[23] Luciano Moia: «Il via libera del Papa. *Amoris Laetitia* si applica così», *Avvenire*, edizione del 10 dicembre 2017.
   https://www.avvenire.it/chiesa/pagine/amoris-laetitia-si-applica-cos-via-libera-del-papa

sotto i caschi del parrucchiere in attesa che finisca il tempo di posa per la permanente tratterebbe in modo così superficiale delle faccende di *gossip* dopo aver letto un articolo su un rotocalco scandalistico.

La pericolosità dell'articolista è perlopiù dovuta al modo in cui ignora le basi della teologia fondamentale e quelle della morale cattolica, oltre alla storia della Chiesa e del papato. Il tutto reso ulteriormente grave dal contenitore in cui sono stati racchiusi i suoi concetti errati e fuorvianti lanciati al pubblico come becchime per le oche. È infatti inammissibile che direttamente dal giornale dei Vescovi d'Italia si conceda di confondere i fedeli.

I contenuti di quello scritto sono legati all'episodio dei Vescovi della provincia ecclesiastica di Buenos Aires che hanno inviato una lettera ai propri presbiteri sotto il titolo «Criteri di base per l'applicazione del capitolo VIII di *Amoris Laetitia*», trasmettendola poi al Sommo Pontefice per avere il suo parere:

5 settembre 2016

Cari sacerdoti,

abbiamo ricevuto con gioia l'esortazione *Amoris Laetitia* che ci spinge in primo luogo a far crescere l'amore degli sposi e a motivare i giovani affinché scelgano il matrimonio e la famiglia. Questi sono i grandi temi che mai dovrebbero essere trascurati né dimenticati a causa di altri problemi.

Francesco ha aperto diverse porte nell'ambito della pastorale familiare e siamo chiamati ad approfittare di questo tempo di misericordia e a farlo nostro come Chiesa. Di seguito ci soffermeremo solo sul capitolo VIII poiché fa riferimento ad "orientamenti del vescovo" (300) in ordine al discernimento sul possibile accesso ai sacramenti di qualche "divorziato che vive una nuova unione". Pensiamo opportuno, come vescovi di una medesima regione pastorale, avere in comune alcuni criteri di massima. Senza togliere nessuna autorità ai competenti vescovi delle diocesi, che possono precisarli, completarli o adeguarli.

1) Innanzitutto vogliamo ricordare che non è opportuno parlare di *permesso* per accedere ai sacramenti, ma di un processo di discernimento accompagnati da un pastore. Questo discernimento è «personale e pastorale» (300).

2) In questo percorso, il pastore deve porre l'accento sul fondamentale annuncio, il *kerygma*, che stimoli all'incontro personale con Gesù Cristo vivo o a rinnovare tale incontro (cfr. 58).

3) L'accompagnamento pastorale è un esercizio della *«via caritatis»*. È un invito a seguire «la via di Gesù, che è quella della misericordia e dell'integrazione» (296). Questo itinerario appella alla carità pastorale del sacerdote che accoglie il penitente, lo ascolta attentamente e gli mostra il volto materno della Chiesa, mentre, contemporaneamente, accetta la sua retta intenzione e il suo buon proposito di leggere la propria vita alla luce del Vangelo e di praticare la carità (cfr. 306).

4) Questo cammino non finisce necessariamente nell'accesso ai sacramenti, ma può anche orientarsi ad altre forme di integrazione proprie della vita della Chiesa: una maggior presenza nella comunità, la partecipazione a gruppi di preghiera o di meditazione, l'impegno in qualche servizio ecclesiale, etc. (cfr. 299).

5) Quando le circostanze concrete di una coppia lo rendono fattibile, in particolare quando entrambi sono cristiani con un cammino di fede, si può proporre

l'impegno di vivere la continenza sessuale. *Amoris Laetitia* non ignora le difficoltà di questa scelta (cfr. nota 329) e lascia aperta la possibilità di accedere al sacramento della Riconciliazione quando non si riesca a mantenere questo proposito (cfr. nota 364, secondo gli insegnamenti di san Giovanni Paolo II al Cardinale W. Baum, del 22/ 03/1996).

6) In altre circostanze più complesse, e quando non si è potuta ottenere la dichiarazione di nullità, l'opzione appena menzionata può di fatto non essere percorribile. Ciò nonostante, è ugualmente possibile un percorso di discernimento. Se si giunge a riconoscere che, in un determinato caso, ci sono dei limiti personali che attenuano la responsabilità e la colpevolezza (cfr. 301-302), particolarmente quando una persona consideri che cadrebbe in ulteriori mancanze danneggiando i figli della nuova unione, *Amoris Laetitia* apre la possibilità dell'accesso ai sacramenti della Riconciliazione e della Eucarestia (cfr. nota 336 e 351). Questi, a loro volta, disporranno la persona a continuare il processo di maturazione e a crescere con la forza della grazia.

7) Ma bisogna evitare di capire questa possibilità come un semplice accesso "allargato" ai sacramenti, o come se qualsiasi situazione giustificasse questo accesso. Quello che viene proposto è un discernimento che distingua adeguatamente caso per caso. Per esempio, speciale attenzione richiede «una nuova unione che viene da un recente divorzio» o «da situazione di chi è ripetutamente venuto meno ai propri impegni familiari» (298). O, ancora, quando c'è una sorta di apologia o di ostentazione della propria situazione «come se facesse parte dell'ideale cristiano» (297). In questi casi più difficili, i pastori devono accompagnare le persone con pazienza cercando qualche cammino di integrazione (cfr. 297, 299).

8) È sempre importante orientare le persone a mettersi in coscienza davanti a Dio, e a questo fine è utile l'«esame di coscienza» che propone *Amoris Laetitia* (cfr. 300), specialmente per ciò che si riferisce a «come ci si è comportati con i figli» o con il coniuge abbandonato. Quando ci sono state ingiustizie non risolte, l'accesso ai sacramenti risulta di particolare scandalo.

9) Può essere opportuno che un eventuale accesso ai sacramenti si realizzi in modo riservato, soprattutto quando si possano ipotizzare situazioni di disaccordo. Ma allo stesso tempo non bisogna smettere di accompagnare la comunità per aiutarla a crescere in spirito di comprensione e di accoglienza, badando bene a non creare confusioni a proposito dell'insegnamento della Chiesa sull'indissolubilità del matrimonio. La comunità è strumento di una misericordia che è «immeritata, incondizionata e gratuita» (297).

10) Il discernimento non si conclude, perché «è dinamico e deve rimanere sempre aperto a nuove tappe di crescita e a nuove decisioni che permettano di realizzare l'ideale in modo più pieno» (303), secondo la «legge della gradualità» (295) e confidando sull'aiuto della grazia.

Siamo innanzitutto pastori. Per questo vogliamo fare nostre queste parole del Papa: «Invito i pastori ad ascoltare con affetto e serenità, con il desiderio sincero di entrare nel cuore del dramma delle persone e di comprendere il loro punto di vista, per aiutarle a vivere meglio e a riconoscere il loro proprio posto nella Chiesa» (312).

Con affetto in Cristo.

I vescovi della Regione

Poco dopo il Sommo Pontefice Francesco risponde con una lettera, questo il cuore centrale del testo:

«Lo scritto è molto buono e spiega in modo esauriente il Capitolo VIII della *Amoris Laetitia*. Non sono possibili altre interpretazioni. E sono sicuro che farà molto del bene. Che il Signore ricompensi questo sforzo di carità pastorale»[24].

L'articolista di *Avvenire* commenta il testo della lettera con questi toni trionfalistici:

«Parole difficilmente equivocabili, che però avevano fatto arricciare il naso ai soliti difensori del tempo che fu».

In seguito lo stesso articolista firma sul quotidiano dei Vescovi d'Italia un articolo che recita nel sottotitolo:

«Eucarestia? Il Papa ha già detto che si può. Esplicita la sua risposta al testo dei vescovi di Buenos Aires: "Molto buono, non c'è altra interpretazione"»

sferrando in esso un attacco frontale vergognoso al Cardinale Carlo Caffarra:

«Contraddizione, confusione, addirittura ignoranza. Sono le tre accuse che il Cardinale Caffarra rivolge all'interpretazione prevalente di *Amoris Laetitia* a proposito della riammissione ai sacramenti della Riconciliazione e della Eucaristia per le persone divorziate in nuova unione. "Quei cardinali sono in quattro, dall'altra parte c'è tutta la Chiesa", ha osservato un altro emerito, il Cardinale brasiliano Cláudio Hummes, prefetto emerito della Congregazione per il clero. Risposta icastica che riassume però in modo efficace il lungo cammino sinodale dell'Esortazione post-sinodale, frutto di due assemblee mondiali dei

---

[24] Testo originale: «El escrito es muy bueno y explicita cabalmente el sentido del capitulo VIII de *Amoris Laetitia*. No hay otras interpretaciones. Y estoy seguro de que hará mucho bien. Que el Señor les retribuya este esfuerzo de caridad Pastoral».

vescovi, di due consultazioni del popolo di Dio, di un lungo e articolato dibattito avviato nell'ottobre del 2013 e conclusosi due anni più tardi […] Chissà che cosa servirà ancora per porre fine a un dibattito che a sempre più fedeli appare pretestuoso?»[25].

L'articolista, dopo avere elencato un lungo cammino di vescovi, Popolo di Dio, consultazioni, dibattiti … con toni a tal punto solenni da far impallidire le vecchie parate militari sovietiche sulla Piazza Rossa di Mosca, dovrebbe rispondere, assieme al suo Editore — che ricordiamo è la Conferenza Episcopale Italiana —, a questa chiara e semplice domanda: come mai, numerosi vescovi, leggendo questa esortazione post-sinodale, si sono ritrovati dinanzi a trattazioni e a risposte date a temi e questioni che all'interno di quel Sinodo non sono mai state discusse? Si risponda a questa domanda, perché a lamentarsene sono stati non pochi vescovi che hanno partecipato a quel Sinodo. O forse i Sinodi sono divenuti simili alle elezioni che si svolgono nella Corea del Nord sotto il regime di Kim Jong? Soprassediamo e procediamo oltre, altrimenti rischiamo di finire ad analizzare il principio della collegialità e della misericordia che vigevano nel regime cambogiano di Pol Pot …

Per attaccare il Cardinale Carlo Caffarra, senza rendersene conto l'impudente articolista porta l'esempio più sbagliato che si possa portare, come di solito accade agli ignoranti che presumono di sapere. Basterebbe ricordargli che all'epoca della grande crisi generata dall'eresia di Ario

---

[25] Luciano Moia: «*Amoris laetitia*. E il Papa disse: "Bene l'interpretazione dei vescovi argentini"», *Avvenire*, edizione del 18 gennaio 2017.
https://www.avvenire.it/chiesa/pagine/eucaristia-il-papa-ha-gi-detto-che-si-pu

nel IV secolo, nota come eresia ariana[26], Atanasio vescovo di Alessandria era di fatto solo. La maggioranza assoluta dell'episcopato aveva aderito all'arianesimo assieme alla gran parte del Popolo di Dio. Quindi solo una figura dottrinalmente discutibile nonché umanamente squallida come il Cardinale Cláudio Hummes poteva fare questo scivolone infelice, dimostrando di non tenere in alcun conto di come nell'intera storia della Chiesa la verità non è tale se votata a maggioranza, ma se rivelata o se basata sulla Rivelazione. Basterebbe solo ricordare che la piazza, interpellata da Ponzio Pilato, alla domanda:

«Chi volete che vi liberi, Barabba o Gesù detto il Cristo?» (Mt 27, 17).

la maggioranza rispose «Barabba!».

Per usare quindi la stessa logica e le stesse parole del Cardinale Cláudio Hummes, in modo del tutto pertinente possiamo dire che i seguaci del Nazareno erano in quattro, dall'altra parte c'era tutto il Popolo della Giudea, bene fece quindi Ponzio Pilato a rispettare la volontà della maggioranza, liberare Barabba e consegnare il Cristo al martirio.

Applicando certe logiche potremmo mettere in discussione, votare a maggioranza e abolire vari precetti del Santo Vangelo, perché a dire di molti non sono più conformi ai tempi presenti e alle esigenze del mondo contemporaneo. Esattamente ciò che di tragico sta adesso avvenendo nell'ambito del Sinodo tedesco, dove con tutta la peggiore arroganza teutonica di infausta matrice luterana condita con lo storico e noto spirito romanofobico, grazie all'insipiente beneplacito di gran parte dei vescovi locali

---

[26] Cfr. Leonardo Grazzi: «Una eresia antica e oggi molto presente», prefazione di Antonio Livi. Roma, 2020, Edizioni L'Isola di Patmos.

un'orda di femministe inacidite si stanno permettendo di discutere su ciò che la Chiesa non può proprio discutere, dal sacerdozio alle donne alle benedizioni alle coppie di gay e lesbiche che decidono di "sposarsi", rivendicando il "diritto" a essere confermati dalla Chiesa nel peccato, posto che a sbagliare è la Chiesa a loro dire retrograda, non certo loro.

Vogliamo aggiungere poi dell'altro ancora, ammesso sia lecito dirla veritiera senza essere subissati di querele dai circoli radicali LGBT? Faccio notare che le femministe che da anni stanno facendo fuochi e fiamme nel poco di cattolico che ancora resta in vari Paesi dell'Europa del Nord, per la maggiore sono lesbiche e molte convivono con le loro compagne. E ci sarebbe molto da dire sul loro qualificarsi come teologhe e come cattoliche. Solo il Cardinale Reinhard Marx Arcivescovo metropolita di München, che sino alla prima decade di febbraio del 2013 era più ratzingeriano di Benedetto XVI, salvo divenire poco dopo più bergogliano di Francesco I, poteva consentire a simili maschiacce di creare disordini all'interno della Chiesa tedesca dando loro un palcoscenico di sfogo durante un sinodo.

Facciamo quindi qualche esempio pertinente e reale: è vero che nella narrazione biblica si precisa che Dio li creò maschio e femmina (cfr. Gen 1, 26-28), ma quelli erano altri tempi. Tutt'altre sono oggi le esigenze delle coppie di gay e di lesbiche che si vogliono sposare tra uomo e uomo, tra donna e donna, reclamando l'approvazione e la benedizione della Chiesa, o il battesimo trionfale di bambini acquistati da cosiddetti uteri in affitto, con tutto il *gotha* LGBT schierato in chiesa, non perché gli interessi qualche cosa del Santo Battesimo, ma per strumentalizzare un Sacramento al solo fine di dimostrare d'aver piegato il Cattolicesimo ai propri disordini morali. Siccome all'epoca l'Onnipotente Creatore non poteva essere aggiornato — Dio mi perdoni per questo esempio blasfemo ma pertinente —, sarà opportuno che i precetti, la divina parola e lo stesso Dio siano corretti. Perché Dio si è sbagliato a creare solo maschio e femmina senza prevedere le altre varianti. Ma che genere di Onnipotente e Onnisciente è, questo maldestro Dio Creatore così privo di prospettiva futura? Meno male che ci sono le lobby LGBT che lo correggono!

Grazie a pensieri, parole e opere di figure come il Cardinale Cláudio Hummes e a tutti i vescovi di origine tedesca che hanno mal gestito la Chiesa del Brasile usandola come incubatrice per le più nefaste teologie e sperimentazioni pastorali, oggi in quel Paese i cattolici sono passati da circa l'88% che erano nel 2000 all'attuale 51% di oggi.

All'improvvido articolista e al Cardinale Cláudio Hummes da lui citato in gloria, basterebbe chiedere risposta a questa domanda: se i Padri della Chiesa riuniti in un concilio ecumenico votassero a maggioranza assoluta la necessità di proclamare un nuovo dogma per dichiarare che Gesù Cristo non aveva due nature, umana e divina, ma tre: umana, divina e aliena, il Romano Pontefice al quale spetta in ogni caso la decisione finale di accettazione o di rigetto della proposta, è obbligato a correggere il Concilio dogmatico di Nicea e il successivo di Costantinopoli, proclamando come nuovo dogma che Gesù Cristo aveva tre nature, perché così ha richiesto la maggioranza?

Ribadisco: di questo giornale ormai *porno-teologico* — per usare una terminologia coniata nel 1973 dal grande filosofo metafisico Cornelio Fabro — è editore la Conferenza Episcopale Italiana. Come minimo ci si aspetterebbe che qualcuno, a partire dal suo Eminentissimo Cardinal

Presidente informasse questo articolista che con simile frase egli s'è fatto pubblica beffa del magistero di tutti i Sommi Pontefici del post-concilio direttamente sul giornale dei vescovi. Sia chiaro: non dei Pontefici del "tremebondo" e forse a suo parere "stagnante" pre-concilio, ma proprio di tutti quelli succedutisi sulla Cattedra del Beato Apostolo Pietro dopo il Concilio Vaticano II. Egli infatti, con la frase acre sui «difensori del tempo che fu», ha attaccato la dottrina e il magistero del Santo Pontefice Paolo VI, del Santo Pontefice Giovanni Paolo II, del Venerabile Pontefice Benedetto XVI. Il tutto — lo ripeto di nuovo senza pena di essere prolisso —, dalle colonne dell'organo ufficiale dei Vescovi d'Italia, cosa in sé di una gravità inaudita!

Può essere che per il povero articolista le beatificazioni e le canonizzazioni, dinanzi a questo pontificato intriso di una santità misericordiosa che non s'era mai vista prima in duemila anni di storia, possano contare di fatto poco o niente? Urge pertanto spiegare che beatificando o canonizzando un Pontefice si tiene conto anzitutto della levatura di quel suo magistero del «tempo che fu».

Il Beato Pontefice Pio IX non è stato beatificato per avere fatto innalzare gli argini del Tevere e restaurato le fognature, evitando che durante le piogge i poveri abitanti dell'allora quartiere ultra popolare di Trastevere si ritrovassero con fiumi di merda per i vicoli. Allo stesso modo, in un eventuale futuro, non sarà proposto per gli onori degli altari il Pontefice regnante per avere fatto installare — nel luminoso tempo presente che è contrapposto dall'articolista di *Avvenire* al «tempo che fu» —, i gabinetti e le docce per i barboni sotto il Colonnato del Bernini, meno che mai per avere rilasciato interviste a Eugenio Scalfari, o per avere invitato l'abortista fiera e impenitente Emma Bonino a «tenere duro»[27]. Non pago di ciò indicandola appresso come «una grande italiana»[28], ignaro delle ferite mortali che questa persona, assieme al suo sodale Marco Pannella, hanno recato al mondo cattolico italiano e alla società dei credenti e dei non credenti, per esempio lamentando al Parlamento Europeo l'eccessivo numero di medici e paramedici obiettori di coscienza presenti nel nostro Paese, che «impedivano alle donne l'esercizio del sacrosanto diritto di abortire»[29] ... la «grande italiana»!

[27] Redazione: «Papa telefona a Emma Bonino: "Mi ha incoraggiato a tenere duro". Emma Bonino ha raccontato oggi a Radio Radicale di una telefonata "tanto inaspettata quanto graditissima" ricevuta ieri da Papa Bergoglio», *ToscanaOggi* (iscritto alla Federazione Italiana Settimanali Cattolici), edizione del 2 maggio 2015.

> https://www.toscanaoggi.it/Italia/Papa-telefona-a-Emma-Bonino-mi-ha-incoraggiato-a-tenere-duro

[28] Redazione: «Papa Francesco: "Napolitano e Bonino tra i grandi dell'Italia di oggi". Con loro sindaco di Lampedusa Giusy Nicolini», *Il Fatto Quotidiano*, edizione dell'8 febbraio 2016.

> https://www.ilfattoquotidiano.it/2016/02/08/papa-francesco-napolitano-e-bonino-tra-i-grandi-dellitalia-di-oggi-con-loro-sindaco-di-lampedusa-giusy-nicolini/2442697/

[29] Cronaca: «Aborto, Bonino: "L'obiezione di coscienza diffusa ostacola la Legge 194"», *Sky TG24*, Edizione del 22 maggio 2018

> https://tg24.sky.it/cronaca/2018/05/22/bonino-legge-194-ostacolata

Livia Crisafi: «Aborto, 40 anni della 194 - Bonino: "Legge fondamentale, ragazze di oggi non diano questo diritto per scontato"», *La Repubblica*, edizione del 21 maggio 2018

> https://video.repubblica.it/cronaca/aborto-40-anni-della-194-bonino-legge-fondamentale-ragazze-di-oggi-non-diano-questo-diritto-per-scontato/305395/306024

Alba Solaro: «Aborto. Il diritto negato. La parola a Emma Bonino e le social attiviste», *La Repubblica*, edizione del 1° luglio 2022.

> https://www.repubblica.it/moda-e-beauty/d/interviste/2022/07/01/news/aborto_diritto_negato_intervista_emma_bonino_vittoria_loffi_federica_di_martino-355021228/

Questo, oltre a non essere sommo magistero, delinea qualche cosa di peggiore: se certe uscite fossero veramente magistero, in tal caso sarebbe bene dimenticarlo quanto prima. Non è invece possibile dimenticare o cancellare, al di là dei numerosi tentativi, molti solenni atti di magistero del Beato Pontefice Pio IX, non pochi dei quali reggono come pilastri teologici, dottrinali e dogmatici la struttura del Concilio Vaticano II, perché è proprio «dal tempo che fu» che nasce il tempo che è, a prescindere dalle irriverenze vergate dall'articolista sul quotidiano *porno-teologico* della Conferenza Episcopale Italiana. Il tutto, ribadisco, nel totale silenzio pavido dei nostri vescovi, capaci a leggere queste mie righe e poi sentenziare: «Quanto sei rigoroso!», anziché dire a sé stessi «Oh, ma quanto sono codardo!».

Questo articolo vergato da una persona che si manifesta priva delle basilari cognizioni filosofiche, storiche, teologiche e giuridiche, si conclude con questa frase:

«Un passo ormai irrinunciabile per togliere *Amoris Laetitia* dal girone delle polemiche sterili e inserirla fruttuosamente nella realtà della vita quotidiana».

Affermazione che equivale a dire: per mezzo secolo è stato lecito attaccare il magistero del Santo Pontefice Paolo VI, pubblicargli alle spalle il *Catechismo Olandese*, contestargli la *Humanae Vitae* e renderlo oggetto di sberleffi in tutte le istituzioni accademiche ecclesiastiche del Nord dell'Europa. Per altrettanti anni è stato lecito attaccare il magistero del Santo Pontefice Giovanni Paolo II, contestarlo durante le lezioni tenute nelle università pontificie romane, in modo particolare alla gesuitica Pontificia Università Gregoriana. Quindi a diffondere manifesti di aperta contestazione firmati dalla *intellighenzia* teologica tedesca[30] e italiana[31], dove si accusava apertamente il magistero di Giovanni Paolo II di «spirito regressivo» e di voler «riportare la Chiesa indietro nel tempo».

Tutt'altra è però la realtà: chi ha studiato il magistero dei Sommi Pontefici del post-concilio, sa quanto tenda a essere chiaro al fine di fugare equivoci. Però le contestazioni mosse dai teologi ai Sommi Predecessori del Pontefice regnante sono state sempre lecite, anche quando erano aggressive, arroganti e persino diffamatorie, come nel caso di Paolo VI giunto a essere pubblicamente vilipeso da un millantatore. Oggi invece, muovere delle lecite perplessità sul modo di fare ambiguo del Santo Padre Francesco e sulla sua mancanza di chiarezza, pare costituisca un vero e proprio oltraggio all'intero impianto dogmatico del *depositum fidei*. Tutte cose che può dire e contestare all'occorrenza il sottoscritto con rigore dottrinale edificato sul magistero perenne della Chiesa, non avendo mai ambito a diventare vescovo e cardinale, né a ricoprire incarichi di prestigio di alcun genere, quindi non temendo di finire *misericordiato* all'interno di una Chiesa ridotta ormai da tempo a un circo di nani in carriera che giocano a fare i giganti.

La pubblicazione della risposta data dal Romano Pontefice ai vescovi argentini sugli *Acta Apostolicae Sedis* ha fatto esultare i de-costruttori del magistero della Chiesa, che purtroppo non si rendono conto di quanto la questione non sia affatto risolta. La sentenza pontificia, per quanto

---

[30] «Dichiarazione di Colonia: "Per una cattolicità aperta contro una cattolicità messa sotto tutela"», sottoscritta da 163 professori di teologia il 6 gennaio 1989, pubblicata sul *Frankfurter Allgemeine Zeitung* del 27 gennaio 1989 e in versione italiana, su *Il Regno* n. 4 del 15 febbraio 1989.
[31] «Lettera ai cristiani. Oggi nella Chiesa…». Sottoscritta da 63 teologi e studiosi, pubblicata in *Il Regno* n. 10 del 15 maggio 1989.

utile e degna di considerazione non fa ancora piena chiarezza circa la tormentata questione: possono darsi o no dei casi in cui i divorziati risposati siano ammessi alla assoluzione sacramentale e alla Santa Comunione? Soprattutto, quali sono e possono essere questi casi? Non siamo affatto al Roma *locuta, causa finita,* come blaterava l'articolista sul quotidiano dei Vescovi d'Italia, per due motivi: perché non è chiaro il pensiero dei Vescovi della provincia ecclesiastica di Buenos Aires e perché per logica conseguenza non sono chiari i termini nei quali il Romano Pontefice darebbe la sua approvazione dell'interpretazione della *Amoris Laetitia* da loro fatta e sottoposta alla sua augusta valutazione.

Io che sono nato con il peccato originale lavato dal Santo Battesimo, che sono stato e seguito a essere un peccatore, oso ipotizzare che sia la lettera inviata dai Vescovi della provincia ecclesiastica di Buenos Aires, sia la risposta data celermente dal Sommo Pontefice e poi inserita negli *Acta Apostolicae Sedis,* rappresenti il classico colpo di teatro per il quale sceneggiatore, regista e attori hanno studiato e poi interpretato ciascuno la propria parte. Lo dico come peccatore, ma come risaputo talvolta i peccatori ci azzeccano. O meglio, cercare di raggirare un peccatore come me, è un po' come avere la pretesa di andare di notte a rubare in casa di un ladro professionista specializzato nei furti con scasso convinti di farla franca.

IV. Non si prospetta l'infattibile e il non realizzabile per ottenere uno scopo incuranti della oggettiva realtà ecclesiale ed ecclesiastica.

Nell'elenco dei «Criteri fondamentali per l'applicazione del capitolo VIII di *Amoris Laetitia*» contenuti nella Lettera dei Vescovi della provincia ecclesiastica di Buenos Aires emergono diversi punti problematici, a partire dal primo nel quale affermano:

> «[…] non è opportuno parlare di "permesso" per accedere ai Sacramenti, ma di processo di discernimento accompagnati da un pastore».

I vescovi si richiamano in modo corretto e coerente al n. 243 della *Amoris Laetitia* che recita:

> «Ai divorziati che vivono una nuova unione, è importante far sentire che sono parte della Chiesa, che "non sono scomunicati" e non sono trattati come tali, perché formano sempre la comunione ecclesiale[32]. Queste situazioni esigono un attento discernimento e un accompagnamento di grande rispetto, evitando ogni linguaggio e atteggiamento che li faccia sentire discriminati e promovendo la loro partecipazione alla vita della comunità. Prendersi cura di loro non è per la comunità cristiana un indebolimento della sua fede e della sua testimonianza circa l'indissolubilità matrimoniale, anzi essa esprime proprio in questa cura la sua carità»[33].

Per i pastori in cura d'anime accogliere implica l'esercizio di uno dei doveri sacerdotali tra i più importanti e difficili, perché spesso comporta dire di no, spiegando che non possiamo seguire le tendenze e i capricci del mondo:

> «Se il mondo vi odia, sappiate che prima di voi ha odiato me. Se foste del mondo, il mondo amerebbe ciò che è

---

[32] Cfr Catechesi (5 agosto 2015): *L'Osservatore Romano*, 6 agosto 2015, p. 7.
[33] Relatio Synodi 2014, 51; cfr *Relatio finalis* 2015, 84.

suo; poiché invece non siete del mondo, ma io vi ho scelti dal mondo, per questo il mondo vi odia» (Gv 15, 18-19).

Capisco che sarebbe più facile cercare qualche forma ibrida per concedere l'accesso all'Eucaristia alle coppie irregolari, dichiarando la non esistenza di un problema reso insormontabile dalla rottura della comunione sacramentale, ma a impedirlo è la Sacra Scrittura, che è Legge Rivelata, o come insegnavano i maestri della scolastica classica: «*Norma normans non normata*» (legge sorgente di legge e non oggetto di legge), alla quale è subordinato tutto nell'ambito della dottrina e della pastorale.

Per queste coppie la *Amoris Laetitia* prospetta un cammino sostituendo la direzione spirituale con un non meglio precisato «accompagnamento». E qui sarebbe bene notare che "dirigere" e "accompagnare" non sono due semplici modi diversi per esprimere la stessa cosa, perché rappresentano due cose completamente diverse. Accompagnare una persona nel suo cammino non è propriamente come dirigerla nel giusto cammino.

Affermare poi che un accompagnamento debba essere personalizzato previa valutazione caso per caso e secondo le esigenze della singola coppia di divorziati risposati, costituisce un'autentica espressione di surreale retorica pastorale che obbliga anzitutto a procedere con un richiamo a quella concreta realtà che i vescovi argentini autori di questa lettera dovrebbero conoscere, meglio ancora il Sommo Pontefice che ha approvato la loro interpretazione e fatto inserire il tutto negli *Acta Apostolicae Sedis*.

Il numero delle coppie di divorziati risposati è in progressivo aumento e dalle locali Conferenze episcopali giungono dati statistici preoccupanti. In alcune regioni del mondo i matrimoni religiosi ai quali gli sposi pongono fine col divorzio civile sono superiori in percentuale al 50% delle nozze celebrate. A questi numeri va poi correlata di necessità la situazione odierna del clero cattolico. Non sono pochi i vescovi del mondo che durante le loro visite *ad limina Apostolorum* riferiscono da alcuni decenni ai Romani Pontefici che il numero dei sacerdoti deceduti è parecchio superiore a quello dei nuovi sacerdoti ordinati e che l'età media del clero in molte diocesi si attesta ormai al di sopra dei settant'anni. Nella stessa Italia, antica culla storica del Cattolicesimo, alla fine dell'Ottocento si contavano circa 80.000 sacerdoti, tra clero secolare e clero regolare, per una popolazione di circa ventinove milioni di abitanti, l'età media dei quali era di circa 40 anni. A distanza di un secolo, sul finire del Novecento il numero di sacerdoti secolari e regolari ammontava a circa 36.000 per una popolazione di circa sessanta milioni di abitanti, l'età media dei quali era pari a 64 anni.

Oggi in molte diocesi del nostro Paese vi sono sacerdoti ottantenni che di domenica celebrano la Santa Messa in tre diverse parrocchie, l'età dei presbiteri è sempre più elevata e i decessi di gran lunga superiori alle nuove ordinazioni sacerdotali. In molte regioni del mondo abbiamo sacerdoti che previo indulto del loro Ordinario Diocesano celebrano nelle feste e nei giorni di precetto anche cinque o sei Sante Messe al giorno. Numerosi gli angoli del mondo in cui è impossibile garantire a molte comunità la Santa Messa della domenica, perché è disponibile un solo sacerdote itinerante incaricato di recarsi nelle varie zone pastorali prive di una presenza sacerdotale fissa, presso le quali può recarsi una volta al mese e unicamente per la celebrazione della Santa Messa. In queste situazioni è altresì impossibile amministrare anche le confessioni sacramentali ai singoli fedeli riuniti in gran numero per la celebrazione della Santa Messa. Il sacerdote è così costretto a impartire l'assoluzione collettiva con il proposito da parte dei fedeli di confessarsi appena sarà loro possibile poter disporre di un sacerdote.

Dinanzi a questo dato reale dobbiamo seriamente domandarci: quale rapporto con la realtà ecclesiale, ecclesiastica e pastorale hanno coloro che in una simile situazione avanzano roboanti e mirabolanti proposte di «accompagnamento», mediante il quale seguire con cura ogni singola coppia in un attento cammino «personalizzato» di «discernimento» e di «crescita», valutando «caso per caso» con attenta cura pastorale? Perché la realtà potrebbe indurre a sollevare un quesito serio e obbiettivo: coloro che avanzano proposte così surreali non possibili da percorrere e realizzare, forse lo fanno al solo scopo di ottenere ciò che si sono prefissati, pur se consapevoli interiormente che nessun «accompagnamento», mediante il quale seguire con cura ogni singola coppia in un lungo cammino di «discernimento» e «di crescita» potrà mai essere realizzato nel mondo attuale in generale, in numerose regioni della terra in particolare, dov'è disponibile un sacerdote ogni 18.000/22.000 battezzati?

Per chiarire meglio ancora: quanto sono numerosi in certe regioni del mondo i sacerdoti che muoiono senza poter ricevere neppure i Sacramenti, posto che il confratello più vicino, trovandosi a vivere a 50 o 100 chilometri di distanza non può raggiungerlo in modo agevole, dovendo percorrere tragitti impervi tra foreste e fiumi, non un comodo tratto autostradale?

In Angola, come nel Congo, durante i periodi delle grandi piogge ci sono zone con relative cittadine e villaggi che rimangono isolate per mesi, altrettanto sulle Ande del Perù nei periodi invernali delle grandi nevicate. In alcune zone delle Amazzoni del Brasile, tra una parrocchia e l'altra vi sono distanze anche di 200 o 300 chilometri percorribili attraverso foreste e strade non sterrate. Non è che per caso si gioca ad avanzare delle proposte non possibili da realizzare e da seguire perché totalmente avulsi dalla concreta realtà ecclesiale e pastorale?

Se questo è il risultato dei sinodi e della sinodalità, c'è veramente di che essere seriamente preoccupati.

Affermando: «non è opportuno parlare di permesso» i vescovi argentini si lanciano in una asserzione che non ha senso, perché irrazionale e in aperto conflitto con la logica. Infatti la questione è proprio questa: sapere se il Romano Pontefice permette o non permette che i divorziati risposati accedano in certi casi alla Santa Comunione Eucaristica. In caso contrario i Vescovi argentini rischiano di fare *harakiri*, perché è come se dicessero che il Sommo Pontefice non ha dato il permesso. E di fatto non lo ha dato, sapendo perfettamente di non poterlo dare, ma aprendo le porte affinché le regole, pur rimanendo tal quali, siano disattese in nome del discernimento, della coscienza soggettiva sovrana assoluta, del caso particolare e soprattutto della prassi pastorale. Tutti elementi che non possono disattendere e tanto meno modificare di fatto la dottrina, o no?

Il discernere se certe coppie che vivono in stato di irregolarità possono o no fare la Comunione, non è un atto scindibile, contrapponibile o sostituibile al permesso pontificio, ma è un atto legittimo del Pastore solo nella condizione in cui il Romano Pontefice abbia dato chiaro ed espresso permesso affinché in certi casi facciano la Comunione. Permesso che, come adesso dimostreremo, non risulta essere mai stato dato, tanto meno con una risposta a un quesito dei Vescovi della provincia ecclesiastica di Buenos Aires studiata a tavolino come una sceneggiatura da portare poi in scena.

Come sempre facciamo ricorso ad alcuni esempi necessari a chiarire il senso del discorso. Per prudente salvaguardia della Santissima Eucaristia dal pericolo di possibili sottrazioni e profanazioni non ho mai dato la Santa Comunione sulle mani a nessuno, avvalendomi della facoltà di amministrarla sotto le due specie del pane e del vino, intingendo la Sacra Ostia nel calice e porgendola alla bocca dei fedeli dicendo «il Corpo e il Sangue di Cristo». Si tratta di una facoltà prevista e concessa dalla Conferenza Episcopale Italiana, regolata dalla Congregazione per il culto divino e la disciplina dei Sacramenti e rimessa alla potestà dei vescovi[34]. Quando in seguito alla pandemia da Covid-19 i nostri vescovi hanno imposto di dare a tutti la Comunione sulle mani, mi sono attenuto in spirito di obbedienza alle loro disposizioni, prestando però sempre attenzione che i

---

[34] «D'ora in poi è competenza del vescovo diocesano (e questo è un atto legislativo che non può essere delegato, cfr. cann. 135 § 2, 391) di emanare norme per la sua diocesi sulla distribuzione della Santa Comunione sotto le due specie. La competenza del vescovo è, conforme al diritto, primaria (cfr. can. 381 § 1), e non è sottoposta ad una previa "autorizzazione" della conferenza episcopale. 4. La competenza del vescovo diocesano si estende sino a rimettere a ciascun sacerdote in quanto pastore proprio di quella comunità il giudizio sull'opportunità di distribuire la s. comunione sotto le due specie, al di fuori dei casi segnalati nei quali essa viene sconsigliata. 5. Il paragrafo finale del n. 283 concede alle conferenze dei vescovi la facoltà sussidiaria di legiferare in materia». Chiarimento a *Institutio generalis* circa la normativa riguardante la comunione sotto le due specie. 31 luglio 2001. Nomine, 37 (2001) 256-258.

fedeli si portassero la Sacra Ostia alla bocca davanti ai miei occhi. Quando qualcuno ha provato ad allontanarsi l'ho richiamato dinanzi a tutti. Altrettanto quando qualcuno ha tentato di mettersela sotto la mascherina gli ho intimato di togliersi la copertura da sopra il viso e di consumarla davanti a me.

Altro esempio: quando fu proposto di ritoccare alcune parti del Messale Romano e in particolare la Preghiera del *Pater Noster*, poco dopo scrissi un articolo critico spiegando tutti i miei dissensi teologici ed esegetici. Appena la Chiesa approvò e impose quella edizione revisionata non ho esitato a recitare quelle parole, incluso «non abbandonarci alla tentazione» in sostituzione a «non indurci in tentazione». Il motivo non andrebbe spiegato ma è bene farlo: della Sacra Liturgia sono strumento in comunione con il vescovo che mi ha conferito mandato all'esercizio del sacro ministero sacerdotale a sua volta in comunione con il Vescovo di Roma e la Chiesa universale[35]. È la Chiesa che ha la potestà di dirmi cosa fare e come farlo, dal canto mio ho il dovere e l'obbligo di ubbidire. Avendo poi una formazione teologica italiana e romana e non essendo un narci-teologo tedesco — sorvoliamo sulle teologhe teutoniche! — che firma cartelli contro il magistero del Sommo Pontefice Giovanni Paolo II[36], sono formato a ubbidire alle parole e ai comandi dati.

[35] Cfr. Istruzione *Redemptionis Sacramentum*, 23 aprile 2004.
[36] «Dichiarazione di Colonia: "Per una cattolicità aperta contro una cattolicità messa sotto tutela"», sottoscritta da 163 professori di teologia il 6 gennaio 1989, pubblicata sul *Frankfurter Allgemeine Zeitung* del 27 gennaio 1989 e in versione italiana, su *Il Regno* n. 4 del 15 febbraio 1989. «Lettera ai cristiani. Oggi nella Chiesa…». Sottoscritta da 63 teologi e studiosi, pubblicata in *Il Regno* n. 10 del 15 maggio 1989.

Qualcuno potrebbe obbiettare che in precedenza avevo espresso malumore in toni critici sulla proposta della nuova versione del *Pater Noster*, di altre modifiche o di nuove discipline. Sì, ma l'ho fatto prima, durante le legittime discussioni, quando è concesso avanzare critiche, non dopo che la Chiesa ha stabilito una precisa norma, che non può essere soggetta a contestazioni, tantomeno disattesa.

A questo punto qualche superficiale potrebbe fraintendere, in buona o anche in mala fede, obiettando che in queste pagine ho rivolto severe critiche a una Esortazione Apostolica data dal Romano Pontefice.

Chiunque mi accusi di ciò sarebbe in grave errore, perché non critico affatto una norma data, dinanzi alla quale tacerei ed eseguirei quanto disposto dal sommo magistero. Ciò che critico è una norma non data e delle domande alle quali non è mai stata data risposta, lasciando il tutto avvolto nell'ambiguità. Questo è l'oggetto della mia critica: la mancanza di una norma assieme alla mancanza di chiarezza e di risposta.

Il fedele servitore della Chiesa ragiona, dibatte e critica fin quando è consentito. Dopo che la Chiesa ha parlato il suo compito è di eseguire e trasmettere gli insegnamenti e di osservare le norme date, salvo creare in caso contrario scandalo nel Popolo di Dio e fratture della comunione ecclesiale. Nessuno, sacerdote o laico cattolico che qualsivoglia, può dissentire e sostituire le proprie personali opinioni all'autorità della Chiesa, a questo ci pensano i teologi tedeschi, da sempre è loro prerogativa e *privilegio pontificio*.

Per quanto riguarda la Santa Comunione ai divorziati risposati il mio agire pastorale è chiaro e conforme all'insegnamento della Chiesa: per la salute delle loro anime e per non destare scandalo nei fedeli non li ammetto alla

Eucaristia[37]. Così farò fin quando la Chiesa mi dirà con una norma chiara e precisa che i divorziati risposati che vivono in situazioni di pubblica irregolarità possono accedere alla Santissima Eucaristia. Cosa che sino a oggi la Chiesa non ha mai detto, malgrado il dire e non dire o le domande e le risposte studiate a tavolino tra alcuni vescovi e il Sommo Pontefice che sino a oggi non ha mai data alcuna chiara risposta a quesiti ben precisi, guardandosi dallo stabilire una norma permissiva o proibitiva, che nell'uno o nell'altro caso accetterei ed eseguirei senza più fiatare.

Al n. 5 e al n. 6 della loro lettera, i Vescovi argentini dicono che *Amoris Laetitia* «lascia aperta la possibilità» — *posibilidad* — «di accedere al Sacramento della Riconciliazione». Facciamo osservare che l'unico riferimento o aggancio che tale asserzione può avere alla *Amoris Laetitia* è la nota n. 351, nella quale sono riferite queste parole ai divorziati risposati:

> «In certi casi, potrebbe essere anche l'aiuto dei Sacramenti. Per questo, "ai sacerdoti ricordo che il confessionale non dev'essere una sala di tortura bensì il luogo della misericordia del Signore" (Esort. ap. *Evangelii gaudium* [24 novembre 2013], 44: AAS 105 [2013], 1038). Ugualmente segnalo che l'Eucaristia "non è un premio per i perfetti, ma un generoso rimedio e un alimento per i deboli"» (ibid., 47: 1039)[38].

Parole dinanzi alle quali è doveroso domandarsi: che cosa intendono dire i vescovi con l'espressione «lascia aperta la possibilità»? La risposta dovrà forse venire dalle parole non poco ambigue di questa nota? In attesa di

---

[37] S.S. Giovanni Paolo II, *Familiaris Consortio*, n. 84.
[38] Cfr. *Amoris Laetitia,* nota a fondo di pagina n. 351.

74

risposta non possiamo omettere un ragionevole quesito: dinanzi a un testo di circa duecento pagine, era proprio necessario inserire una frase così ambigua e sibillina in una nota a fondo di pagina per trattare un argomento di tale e delicata complessità?

Dopo che in *Amoris Laetitia* sono state scritte pagine e pagine di retorica socio-pastorale per indicare e spiegare le tenerezze del rapporto di coppia, può essere che un delicatissimo tema legato alla morale cattolica e alla disciplina dei Sacramenti finisca con l'essere relegato di straforo in una *noticina* tutt'altro che chiara a fondo di pagina? Sicuramente, questa nota, potrebbe anche dare l'impressione di costituire un permesso alla Comunione per i divorziati risposati, ma in realtà non è così. In questa nota a fondo di pagina non si esprime una norma attuale ma la futuribile possibilità di una norma, come prova la formulazione della frase stessa che è espressa al condizionale. E noi sappiamo che una norma valida e vincolante si esprime con l'indicativo o l'imperativo, non con il *potrebbe essere*, peggio che mai con quel *potrebbe essere sì, ma potrebbe essere anche no* … che da subito ha caratterizzato questo augusto pontificato.

Quando un legislatore emana una legge con riferimento a casi che fanno eccezione, affinché la legge sia valida queste fattispecie devono essere precisate, cosa che non fa questa controversa nota a fondo di pagina, né la risposta data a un gruppo di vescovi argentini. In questa nota il Romano Pontefice non dice ciò che concede o intende concedere, ipotizza solamente quel che potrebbe concedere. Per adesso non dà alcun permesso, dice solo che potrebbe concederlo. Pertanto, se sono valide le precedenti considerazioni, da esse dobbiamo evincere che il Romano Pontefice, affermando che i vescovi argentini hanno interpretato bene, sembra voler dire in sostanza che egli per adesso il permesso non lo dà, ma forse potrebbe darlo, intanto pare lasciar libere le persone di fare in concreto ciò che vogliono e di dare le interpretazioni che meglio desiderano.

Nel linguaggio universale questo genere di agire è solitamente indicato come totale mancanza di assunzione di responsabilità attraverso risposte chiare e precise, o dettando norme altrettanto chiare e precise. E come comportamento è molto pericoloso e destinato a generare confusione e interpretazioni arbitrarie. Un castello di mancanza di chiarezza dovuta al fatto che non è chiaro il pensiero dei vescovi argentini e non è chiaro lo stesso Romano Pontefice in quello che dice quando afferma che la loro è l'interpretazione giusta. Poi, che la Lettera dei vescovi con relativa risposta del Sommo Pontefice sia stata pubblicata sugli *Acta Apostolicae Sedis*, non è affatto sufficiente per far piena chiarezza e dar certezza in una questione così delicata e complessa. Tutt'altro, in questo modo il Romano Pontefice corre il serio rischio di gettarsi in un ginepraio, o forse peggio: finire intrappolato nel filo spinato di una trincea sul fronte di una guerra che lui stesso ha contribuito a scatenare e poi ad alimentare in un susseguirsi di mezze frasi infelici, fuorvianti e ambigue.

Mentre l'articolista di *Avvenire* esulta informando *urbi et orbi* che la risposta è agli Atti della Santa Sede e come tale da considerare sommo magistero — poco ci mancava si spingesse a invocare il dogma di fede! —, proviamo ad analizzare in modo oggettivo e imparziale ciò che di grave è invece accaduto: un gruppo di vescovi argentini ha scritto una lettera in cui avanzano ipotesi interpretative con relative e probabili soluzioni altrettanto ipotetiche riguardo i casi delle coppie cosiddette irregolari e il loro accesso ai Sacramenti. Il Romano Pontefice, senza assumersi alcuna responsabilità e guardandosi bene dal chiarire la questione con risposte, affermazioni o norme precise, ha risposto che la loro interpretazione è giusta (!?).

Se qualcuno non avesse capito questa evidente contorsione, allora ribadiamo di nuovo: i vescovi avanzano una ipotesi, il Sommo Pontefice la definisce di fatto ipotesi giusta, dopodiché, questa ipotesi interpretativa diviene "atto di magistero", senza che né i vescovi né il Sommo Pontefice si siano dovuti assumere alcuna responsabilità chiara è diretta dicendo in modo altrettanto chiaro sì o no. Traduciamo: tutto va bene, fate pure, ma nessuno degli attori sulla scena è in alcun modo responsabile per la parte che ha recitato in questa penosa tragedia. Di fatto e senza facile pena di avere perduto qualche sospiro o di avere mal compreso, le cose si sono svolte così o no?

Detto questo sfidiamo adesso i migliori storici e i migliori studiosi della storia della teologia a trovare nell'intera vita della Chiesa un precedente o un solo caso simile, a partire dal Concilio di Nicea fino a giungere al Concilio Vaticano II. Non parliamo poi del pericoloso precedente che questo caso rischia di creare, perché da oggi a seguire qualsiasi gruppo di vescovi in giro per il mondo potrebbe per esempio ipotizzare — s'intende, sempre a livello puramente ipotetico —, che andrebbe studiata la possibilità di concedere il Sacro Ordine Sacerdotale alle donne, formulando delle interpretazioni ipotetiche. A quel punto un Sommo Pontefice risponde ai vescovi che la loro interpretazione ipotetica è quella giusta. Fatto questo potrebbe divenire lecita nella prassi, a certe condizioni e in particolari situazioni, l'ordinazione sacerdotale delle donne, pur rimanendo tassativamente proibita da un pronunciamento definitivo del Santo Pontefice Giovanni Paolo II:

> «Dichiaro che la Chiesa non ha in alcun modo la facoltà di conferire alle donne l'ordinazione sacerdotale e che questa sentenza deve essere tenuta in modo definitivo da tutti i fedeli della Chiesa»[39].

Il tutto senza che coloro che hanno avanzata l'ipotesi e abbozzata una interpretazione, assieme a colui che al sommo grado l'ha dichiarata come l'interpretazione giusta, si sia assunto alcuna responsabilità e senza che nessuno abbia mai affermato che è lecito consacrare sacerdoti delle donne. Quindi, pur con le "donne prete" ordinate di prassi in casi speciali, rimarrebbe valido quanto dichiarato in modo definitivo dal Santo Pontefice Giovanni Paolo II con una dichiarazione altrettanto valida come la disposizione da lui data nella *Familiaris Consortio* che impedisce l'accesso alla Eucaristia dei divorziati risposati, salvo però essere disattesa nella prassi pastorale tra casi particolari, discernimenti e soggettive coscienze sovrane.

VI. Perché abolire certe leggi ecclesiastiche o modificare delle norme, basta solo irriderle lasciandole tal quali come lettera morta.

I capocomici di certi tristi teatri pensano veramente che nessuno abbia capito a cosa mirano e in che modo fumoso intendono giungere agli scopi prefissati? Eppure il gioco è palese e la psicologia che lo muove rasenta il puerile: lasciare la dottrina tal quale, non toccarla ma svuotarla di significato, quindi mutarla, se non sovvertirla del tutto,

---

[39] S.S. Giovanni Paolo II, Lettera Apostolica *Ordinatio Sacerdotalis*, 22 maggio 1994.

nella cosiddetta prassi pastorale. Insomma: non è necessario abrogare una legge e neppure modificarla, basta lasciarla tal quale com'è e non applicarla più, se non peggio irriderla, come adesso sarà dimostrato.

Lucente paradigma di questo eccentrico e insolito modo di agire è la veste talare di noi preti, sempre per ricorrere a un esempio pertinente che costituisce un quadro realistico e indicativo di questo augusto pontificato.

Il Codice di Diritto Canonico[40] e le disposizioni date e ribadite dai Sommi Pontefici Paolo VI[41], Giovanni Paolo II[42] e Benedetto XVI[43] che nessuno ha mai modificato, hanno ribadito l'obbligo e raccomandato l'uso dell'abito talare ai presbiteri, altrettanto la Congregazione per il Clero[44] e la Conferenza Episcopale Italiana[45]. Il Sommo Pontefice Francesco l'abito talare l'ha ripetutamente irriso pubblicamente in più occasioni. Ciò equivale — sempre per portare un esempio pertinente — al Presidente della Repubblica Italiana, supremo garante della Costituzione, che

---

[40] Codice di Diritto Canonico, can. 284.

[41] Catechesi nell'Udienza generale del 17 settembre 1969; Allocuzione al Clero del 1° marzo 1973; Congregazione per i Vescovi, Lettera circolare a tutti i Rappresentanti Pontifici: Per venire incontro del 27 gennaio 1976.

[42] Lettera ai sacerdoti in occasione del Giovedì Santo 1979: Novo incipiente, del 7 aprile 1979; Circolare della Congregazione per l'Educazione Cattolica del 6 gennaio 1980; 31 gennaio 1994, Congregazione per il Clero: Direttorio per il ministero e la vita dei presbiteri, par. 66, Sull'obbligo dell'abito ecclesiastico.
S.S. Giovanni Paolo II. Lettera dell'8 settembre 1982 al Vicario Generale per la Diocesi di Roma, Cardinale Ugo Poletti.
Lettera del Sommo Pontefice Giovanni Paolo II al Cardinal Vicario di Roma dell'8 settembre 1982, pubblicata su *L'Osservatore Romano* il 18-19 ottobre 1982.

[43] S.S. Benedetto XVI, locuzione rivolta alla riunione plenaria della Congregazione per il Clero il 16 marzo 2009.

[44] Cardinale Darío Castrillón Hoyos, Prefetto della Congregazione per il Clero: *Sull'obbligo dell'abito ecclesiastico*. Lettera del 31 gennaio 1994.

[45] C.E.I. Delibera 12 del 23 dicembre 1983.

non trovasse di meglio da fare che irridere pubblicamente delle leggi racchiuse nel nostro ordinamento giuridico.

> «Quando io ero studente, quando si doveva andare dal Generale e quando con il Generale dovevamo andare dal Papa, si portava la talare e il mantello. Vedo che questa moda non c'è più, grazie a Dio!»[46].

Seguono altre deliziose perle di mirabile equilibrio pastorale donate da un Sommo Pontefice che ha lamentato e condannato ripetutamente «il chiacchiericcio» e il «pettegolezzo»[47], facendone però frequentemente uso con espressioni introdotte dall'infelice premessa: «si dice che …», «mi hanno detto che …», o come nel caso che adesso segue: «[…] un monsignore mi ha raccontato che …».

Domanda: è sapiente e prudente usare la premessa «mi hanno raccontato …» durante l'azione liturgica nel corso di una omelia, specie se il predicatore è il Romano Pontefice? E come dimenticare il modo in cui, in pieno re-

---

[46] Giuseppe Aloisi: «Il Papa sulla talare: "Grazie a Dio questa moda non c'è più"», *Il Giornale*, edizione del 2 agosto 2018

> https://www.ilgiornale.it/news/cronache/papa-sulla-talare-grazie-dio-questa-moda-non-c-piu-

[47] «Angelus a Piazza San Pietro, Papa: "il chiacchiericcio è peggio del Covid"», *RaiNews*, edizione del 6 settembre 2020

> http://www.rainews.it/archivio-rainews/articoli/Papa-il-chiacchiericcio-peggio-del-Covid-d32f8871-0267-4ec8-a3c8-0ef5ab3543ed.html

Domenico Agasso Jr: «Papa Francesco: il pettegolezzo è "una peste peggiore del Covid"», La Stampa, edizione del 6 settembre 2020

> https://www.lastampa.it/vatican-insider/it/2020/09/06/news/papa-francesco-il-chiacchiericcio-e-una-peste-peggiore-del-covid-1.39274036/

«Papa Francesco: "Medicina contro il chiacchiericcio? Mordersi la lingua"», *Ansa*, in *SkyTg24*, edizione del 25 giugno 2022

> https://tg24.sky.it/roma/2022/06/25/papa-francesco-medicina-chiacchiericcio

gime *misericordista*, più volte diversi collaboratori di vari dicasteri romani sono stati *misericordiati* e sbattuti fuori senza mai conoscerne neppure il motivo? Quando hanno chiesto spiegazioni il capo ufficio si è limitato a rispondere:

«Non conosco neppure io il motivo, così hanno deciso dall'alto, senza dare alcuna spiegazione».

Il tutto sempre sorretto sul «si dice che …», «mi hanno detto che …».

«Su rigidità e mondanità, è successo tempo fa che è venuto da me un anziano monsignore della curia, che lavora, un uomo normale, un uomo buono, innamorato di Gesù e mi ha raccontato che era andato all'Euroclero a comprarsi un paio di camicie e ha visto davanti allo specchio un ragazzo — lui pensa non avesse più di 25 anni, o prete giovane o (che stava) per diventare prete — davanti allo specchio, con un mantello, grande, largo, col velluto, la catena d'argento e si guardava. E poi ha preso il saturno (N.d.A cappello circolare), l'ha messo e si guardava. Un rigido mondano. E quel sacerdote — è saggio quel monsignore, molto saggio — è riuscito a superare il dolore, con una battuta di sano umorismo e ha aggiunto: "E poi si dice che la Chiesa non permette il sacerdozio alle donne!". Così che il mestiere che fa il sacerdote quando diventa funzionario finisce nel ridicolo, sempre».

Le domande sono due, partiamo dalla prima alla quale dovrebbero rispondere i più autorevoli storici della Chiesa: si era mai udito un Romano Pontefice esordire durante un'omelia dicendo «mi hanno raccontato…» e che poi, esponendo la propria fiaba frutto di puro chiacchiericcio da salotto clericale, fa gratuita pubblicità a un negozio di articoli ecclesiastici ubicato alla destra del colonnato del Bernini di fronte al palazzo dell'ex Sant'Uffizio? A quando lo striscione con lo *sponsor* della *Coca Cola* sistemato all'ambone sotto l'evangeliario? A quando gli *spot* pubblicitari durante la Santa Messa, tra la fine della liturgia della parola e l'inizio dei riti di offertorio, dopo la Comunione e prima della benedizione finale? Va da sé, ovviamente con i proventi della pubblicità dati ai poveri.

Possibile che in quasi dieci anni di pontificato nessuno gli abbia spiegato di quale straordinaria dignità è rivestito (cfr. Mt 16, 13-20) e quale peso possa avere una qualsiasi parola che esce dalla sua bocca quando parla in pubblico? Posto che egli è il Successore del Beato Apostolo Pietro e il Vicario di Cristo sulla Terra, non Don Camillo della saga di Giovannino Guareschi che parla del più o del meno con i paesani sulla piazza, il quale mai — pur essendo parroco di un piccolo paesello — avrebbe proferita una sola parola fuori posto predicando ai fedeli di Brescello durante la Santa Messa dopo la proclamazione del Santo Vangelo?

Seconda domanda, alla quale dovrebbero rispondere i vescovi: si era mai visto un Sommo Pontefice che su Sat2000, rete televisiva della Conferenza Episcopale Italiana, si fa intervistare da un *fashion* pretino *trendy* vestito in *jeans* e scarpe da ginnastica[48] che pare scappato dal *set* della serie televisiva *Beverly Hills*, che siede davanti al Capo della Chiesa Cattolica con le gambe accavallate e una postura da osteria? Salvo però ironizzare e gettare discredito pubblico su coloro che in ossequio alle leggi ecclesiastiche, alla identità sacerdotale e a quella testimonianza visibile oggi necessaria più che mai nel mondo contemporaneo, si vestono da

---

[48] Giancarlo La Vella: «"Conversazione con Francesco su vizi e virtù", il documentario integrale», *VaticanNews*, edizione del 10 dicembre 2021.
https://www.vaticannews.va/it/papa/news/2021-12/documentario-francesco-conversazione-integrale.html

preti nel modo in cui si conviene e soprattutto come sempre si dovrebbe?

Ha mai spiegato nessuno al Sommo Pontefice che i preti mondani non sono quelli che si vestono da prete come a un prete si conviene, ma quanti si assimilano ai costumi dei secolari e che nascondono agli occhi delle persone la loro sacra identità sacerdotale, quasi a vergognarsi di essere preti?

Ripeto: per comprendere questa psicologia contorta giocata sul principio di inversione, l'esempio dell'abito ecclesiastico calza a pennello, perché è un paradigma di come il Sommo Pontefice non si curi in alcun modo di modificare regole o disposizioni fissate dalle leggi ecclesiastiche date dai suoi Sommi Predecessori — cosa che può fare quando e come vuole in modo legittimo e non passibile di discussione da parte di nessuno —, si limita a irriderle, oppure a far sì che in un testo lungo e articolato come la *Amoris Laetitia* siano inserite alcune frasi ambigue che ciascuno può interpretare o adattare come vuole. I più zelanti le interpretano e le adattano nel modo in cui suppongono siano sentite dal loro estensore, che dal canto suo non ha dato alcuna norma né mai detto con chiarezza sì o no, si può o non si può, si deve o non si deve.

Con ciò è presto detto come mai tutti coloro che aspirano a una nomina o a uno scatto di carriera si recano da lui in udienza privata ormai in braghe di tela, parlando ovviamente solo di «poveri», «migranti», «periferie esistenziali» e «Chiesa in uscita», pure se sarebbe più pertinente parlare di Chiesa visibile in amministrazione controllata sull'orlo del fallimento, con gli ufficiali giudiziari davanti alle porte pronti a irrompere dentro per procedere col sequestro esecutivo?

Volendo c'è di peggio: dinanzi a questa triste realtà ci sono poi le gesta degli emulatori. L'Arcivescovo metropolita di Catania ha proibito al proprio clero di indossare la veste talare fuori dalle chiese[49] (!?), come pochi giorni prima aveva già fatto l'Arcivescovo di Tolosa[50].

E qui l'inciso è d'obbligo: pare che lo zelante Arcivescovo di Catania si sia guardato bene dal proibire gli osceni ludi pagani della Santa Patrona Agata, festa che per imponenza e affluenza è seconda al mondo solo al gran Carnevale di Rio de Janeiro, che di religioso non ha niente e che da sempre è infiltrata dalle cosche mafiose che tra vendite di vari articoli, fuochi artificiali e scommesse clandestine gestiscono un giro di affari per decine e decine di milioni di euro[51], quindi lasciando sfilare il fercolo della *Santuzza* in processione lungo le vie della Città per tre giorni.

[49] Camillo Langone: «Anche i cani entrano in chiesa in Sicilia, dove il sacro è negletto», Il Foglio, edizione del 21 giugno 2022

https://www.ilfoglio.it/preghiera/2022/06/21/news/anche-i-cani-entrano-in-chiesa-in-sicilia-dove-il-sacro-e-negletto-4138898/

[50] Redazione: «Tolosa, l'Arcivescovo vieta la talare per seminaristi e diaconi: ha spiegato di non volere "che i seminaristi si mostrassero in modo troppo clericale"», *Acistampa*, agenzia del 14 giugno 2022

https://www.acistampa.com/story/tolosa-larcivescovo-vieta-la-talare-per-seminaristi-e-diaconi-20095

[51] Michela Giuffrida: «La Piovra sulla festa di S. Agata il business gestito dalle cosche», *La Repubblica*, edizione del 1° febbraio 2008

https://www.repubblica.it/2008/02/sezioni/cronaca/mafia-santa-agata/mafia-santa-agata/mafia-santa-agata.html

Renato Camarda: «Catania. Mafia sulla festa di Sant'Agata», *Libera Informazione*, edizione del 13 febbraio 2013

http://www.liberainformazione.org/2013/02/13/una-svolta-nella-festa-di-santagata/

Direttore: «Sant'Agata, il martirio della Festa. Due processi che hanno cambiato la storia», *Sicilia Network*, edizione del 6 febbraio 2018

https://www.sicilianetwork.info/catania-fernando-massimo-adonia-santagata-il-martirio-della-festa-due-processi-che-hanno-cambiato-la-storia/

Chiuso l'inciso che come ripeto era dovuto, a onore di un vescovo che fa il leone con i suoi preti e il cerbiatto con quelle cosche mafiose infiltrate nelle feste religiose e nelle confraternite che finge di non vedere e conoscere.

Questo agire in spregio alle Leggi ecclesiastiche e alle disposizioni date e ribadite dai predecessori del Pontefice regnante, dimostra che egli non ha bisogno di cambiare leggi e norme, preferisce terrorizzare con una battuta inopportuna, infelice e fuorviante. Dopodiché, un esercito di utili idioti e di ruffiani a caccia di un posto al sole si adeguano, mentre qualche adulatore particolarmente sfacciato giunge a intimare ai propri preti che non possono più indossare la veste talare fuori dalle chiese, forse sperando a questo modo di guadagnarsi una berretta cardinalizia rossa o diventare prefetto di qualche dicastero della Santa Sede?

Attenzione però: se domani cambiasse vento, potete star certi che questi stessi adulatori non esiteranno a entrare nelle loro chiese cattedrali con sette metri di cappa magna e le mitrie barocche gemmate alte settanta centimetri sulla testa, con una faccia tosta da far impallidire le puttane, che si vestono anch'esse di rosso, ma perlomeno sono coerenti, al punto che molte ci precederanno nel

Redazione: «Festa di Sant'Agata "a infiltrazione mafiosa": chiesta condanna per Pietro Diolosà», *CataniaToday*, edizione del 20 novembre 2012
    https://www.cataniatoday.it/cronaca/festa-sant-agata-infiltrazione-mafiosa-condanna-pietro-diolosa.html
«Catania, S. Agata: hanno chiuso i cancelli dopo che la mafia era entrata», *I Siciliani Giovani*, edizione del 14 febbraio 2015
    https://www.isiciliani.it/catania-s-agata-hanno-chiuso-i-cancelli-dopo-che-la-mafia-era-entrata/
Fernando Massimo Adonia: «Il martirio della festa. L'ombra della mafia e la morte di un devoto, ecco come i due processi hanno cambiato il volto dei festeggiamenti dedicati a sant'Agata», 2018, Edizioni Novantacento.

regno dei cieli, come ci ammonì per tempo e con chiarezza Gesù Cristo (cfr. Mt 21, 28-32).

Questo è il gioco al quale stiamo assistendo e sulla strada del quale una cordata distruttiva sta spingendo la Chiesa, nel silenzio totale dei nostri "eroici" vescovi che ambiscono a quieta vita e a non avere problemi.

Le persone così profondamente dissociate dal reale dottrinale e pastorale sono davvero convinte che nessuno, dinanzi a questi giochi fatti con una palla lanciata da un canestro all'altro, colga la penosa essenza di queste cosiddette furberie, che peraltro, a ben pensarci, hanno in sé e di per sé molto di ridicolo e ben poco di furbo? E mentre il tutto avviene l'episcopato tace sperando in vicini tempi migliori, senza valutare dopo quali danni irreparabili rischiano di giungere, semmai giungeranno.

Domanda: tra i vari peccati *derubricati*, è stato cancellato anche il peccato di omissione? Perché in tal caso, dopo il *Pater Noster* e altre parti del Messale Romano di recente aggiornato per dare il contentino al narcisismo incontenibile di qualche liturgista, ragionevolmente bisognerà correggere anche l'atto penitenziale, affinché durante la Santa Messa si possa chiedere perdono solo per avere peccato in «pensieri, parole, opere …» togliendo di mezzo «… e omissioni», non altro per salvare l'anima a un numero considerevole di vescovi.

VII. Il Romano Pontefice è supremo legislatore che deve dettare regole con sapiente chiarezza non con ambigua furbizia.

Può un Romano Pontefice modificare una disciplina data da un suo Predecessore? Egli è capo del Collegio dei

Vescovi, Vicario di Cristo e Pastore qui in terra della Chiesa universale. Perciò, in forza del suo ufficio, ha potestà ordinaria suprema, piena, immediata e universale sulla Chiesa[52]. Il Romano Pontefice è anche supremo giudice, tanto che contro la sentenza o il decreto da lui dato non è concesso né appello né ricorso[53]. Il Romano Pontefice è anche supremo legislatore, assistito nell'esercizio di questa sua *potestas* dalla Pontificia Commissione per l'interpretazione autentica del Codice di Diritto canonico, nata nel 1917 e poi divenuta Pontificia Commissione per la revisione del Codice di Diritto canonico nel 1963 e Pontificia Commissione per l'interpretazione autentica del Codice di Diritto canonico nel 1984. Assumendo infine nel 1988 la denominazione di Pontificio Consiglio dell'Interpretazione dei Testi Legislativi[54]. La competenza di questo Pontificio Consiglio consiste nell'essere garante dell'ortoprassi canonica a servizio del Romano Pontefice[55].

Il Capo della Chiesa Cattolica ha piena *potestas* di modificare leggi, discipline e disposizioni, come più volte accaduto nel corso della storia della Chiesa, dove se c'è un ambito che più di tutti è stato soggetto a modifiche e riforme anche radicali è stata proprio la disciplina dei Sacramenti. Il tutto sarà dettagliato nei successivi capitoli dedicati alla *Humanae Vitae* del Santo Pontefice Paolo VI, dove a titolo di esempio riporto il caso del radicale mutamento che ebbe tra l'VIII e il IX secolo la confessione sacramentale, che per secoli fu un Sacramento amministrabile una sola volta nella vita e mai più ripetibile.

---

[52] Codex Iuris Canonici, can. 331.
[53] Codex Iuris Canonici, can. 333 §3.
[54] Cfr. Costituzione Apostolica *Pastor Bonus*, Roma, 28 giugno 1988.
[55] Cfr. Costituzione Apostolica *Pascite gregem Dei*, Roma, 23 maggio 2021.

Il Romano Pontefice può modificare norme e discipline date da un suo Predecessore, ne ha potestà piena e assoluta, però deve farlo in modo sapiente e chiaro, sempre strettamente vincolato alla Rivelazione e al *depositum fidei* di cui egli è supremo custode e garante. Nel suo agire non è contemplata alcuna ambiguità perché la precisione è di rigore, né può essere ammissibile l'inserimento in un testo lungo e complesso di una piccola noticina a fondo di pagina che riguardo l'ammissione alla Comunione Eucaristica dei divorziati risposati recita in modo sibillino: «Per certi casi potrebbe essere anche l'aiuto del Sacramento»[56].

Lo abbiamo già detto ma è bene ripeterlo: quali sono questi casi? Una simile espressione introdotta dall'*incipit* «in certi casi» può indurre ad aprire le porte a libere ed errate interpretazioni o alla modifica di fatto di una disciplina basata sulla Sacra Scrittura attraverso forme di prassi pastorale del tutto arbitrarie e in conflitto aperto con le Sacre Scritture e la dottrina perenne della Chiesa.

Per questo quattro cardinali teologi, storici e canonisti, tra cui Carlo Caffarra, uno tra i più grandi esperti di famiglia e matrimonio del XX e XXI secolo, rivolsero al Sommo Pontefice questa supplica nella forma dei *Dubia*:

Roma, 19 settembre 2016

Beatissimo Padre,

a seguito della pubblicazione della Vostra Esortazione Apostolica *Amoris Laetitia* sono state proposte da parte di teologi e studiosi interpretazioni non solo divergenti, ma anche contrastanti, soprattutto in merito al cap. VIII. Inoltre i mezzi di comunicazione hanno enfatizzato

---

[56] Cfr. *Amoris Laetitia*, nota n. 351.

questa diatriba, provocando in tal modo incertezza, confusione e smarrimento tra molti fedeli.

Per questo, a noi sottoscritti ma anche a molti Vescovi e Presbiteri, sono pervenute numerose richieste da parte di fedeli di vari ceti sociali sulla corretta interpretazione da dare al cap. VIII dell'Esortazione.

Ora, spinti in coscienza dalla nostra responsabilità pastorale e desiderando mettere sempre più in atto quella sinodalità alla quale Vostra Santità ci esorta, con profondo rispetto, ci permettiamo di chiedere a Lei, Santo Padre, quale supremo Maestro della fede chiamato dal Risorto a confermare i suoi fratelli nella fede, di dirimere le incertezze e fare chiarezza, dando benevolmente risposta ai *Dubia* che ci permettiamo allegare alla presente.

Voglia la Santità Vostra benedirci, mentre Le promettiamo un ricordo costante nella preghiera.

Card. Walter Brandmüller
Card. Raymond L. Burke
Card. Carlo Caffarra
Card. Joachim Meisner

Dubia

1. Si chiede se, a seguito di quanto affermato in *Amoris laetitia* nn. 300-305, sia divenuto ora possibile concedere l'assoluzione nel Sacramento della Penitenza e ammettere alla Santa Eucaristia una persona che, essendo legata da vincolo matrimoniale valido, convive *more uxorio* con un'altra, senza che siano adempiute le condizioni previste da *Familiaris consortio* n. 84 e poi ribadite da *Reconciliatio et paenitentia* n. 34 e da *Sacramentum caritatis* n. 29. L'espressione «in certi casi» della nota 351 (n. 305) dell'esortazione *Amoris laetitia* può essere applicata a divorziati in nuova unione, che continuano a vivere *more uxorio*?

2. Continua a essere valido, dopo l'esortazione postsinodale *Amoris laetitia* (cfr. n. 304), l'insegnamento dell'enciclica di San Giovanni Paolo II *Veritatis splendor* n. 79, fondato sulla Sacra Scrittura e sulla Tradizione della Chiesa, circa l'esistenza di norme morali assolute, valide senza eccezioni, che proibiscono atti intrinsecamente cattivi?

3. Dopo *Amoris laetitia* n. 301 è ancora possibile affermare che una persona che vive abitualmente in contraddizione con un comandamento della legge di Dio, come ad esempio quello che proibisce l'adulterio (cfr. Mt 19, 3-9), si trova in situazione oggettiva di peccato grave abituale (cfr. Pontificio consiglio per i testi legislativi, Dichiarazione del 24 giugno 2000)?

4. Dopo le affermazioni di *Amoris laetitia* n. 302 sulle «circostanze attenuanti la responsabilità morale», si deve ritenere ancora valido l'insegnamento dell'enciclica di San Giovanni Paolo II *Veritatis splendor* n. 81, fondato sulla Sacra Scrittura e sulla Tradizione della Chiesa, secondo cui: «Le circostanze o le intenzioni non potranno mai trasformare un atto intrinsecamente disonesto per il suo oggetto in un atto soggettivamente onesto o difendibile come scelta»?

5. Dopo *Amoris laetitia* n. 303 si deve ritenere ancora valido l'insegnamento dell'enciclica di San Giovanni Paolo II *Veritatis splendor* n. 56, fondato sulla Sacra Scrittura e sulla Tradizione della Chiesa, che esclude un'interpretazione creativa del ruolo della coscienza e afferma che la coscienza non è mai autorizzata a legittimare eccezioni alle norme morali assolute che proibiscono azioni intrinsecamente cattive per il loro oggetto?

Il Sommo Pontefice, prima e poi a seguire, ha ricevuto — come suol dirsi con espressione gentile —, anche nani, giocolieri e ballerine, in udienza, ma soprattutto tanti ruffiani e buffoni di corte. Ha dispensato sorrisi e abbracci a personaggi che giudicano l'aborto una «grande conquista sociale» e che promuovono l'eutanasia come «atto di umana pietà verso un malato terminale», però non ha mai risposto a questi quattro devoti servitori della Chiesa e del Papato, anche quando in seguito hanno reiterata supplica a essere ricevuti.

Non indugio oltre, limitandomi a dire che le Leggi morali della Chiesa non hanno mai funzionato a questo modo, né a questo modo potranno funzionare neppure nei secoli avvenire. Perché più assoluta è la *potestas* conferita più assoluti sono i vincoli di natura divina che ne regolano il delicatissimo esercizio. La Divina Legge rivelata non contempla la tirannide, né il selvaggio libero arbitrio, né la palese mancanza di carità cristiana, per non parlare della permalosità e dello spirito vendicativo che ha caratterizzato questo pontificato con fatti ed episodi che hanno denotato all'occorrenza vera e propria mancanza di pudore. Per esempio il modo in cui è stata trattata una delle menti teologiche più brillanti e ortodosse dell'episcopato argentino e dell'intera America Latina, S.E. Mons. Héctor Rubén Aguer Arcivescovo de La Plata, o il modo in cui fu licenziato da Prefetto della Congregazione per la Dottrina della Fede il Cardinale Gerhard Ludwig Müller. Per questo spero mi sia concesso di rimanere perplesso, quindi dubbioso dinanzi a espressioni di questo genere:

«[…] altre forme di unione contraddicono radicalmente questo ideale, mentre alcune lo realizzano almeno in modo parziale e analogo […] i Padri Sinodali hanno affermato che la Chiesa non manca di valorizzare gli elementi costruttivi in quelle situazioni che non corrispondono ancora o non più al suo insegnamento sul matrimonio»[57].

All'apparenza questa frase può apparire innocua per chiunque si limiti a leggerla sopra le righe senza rendersi conto di ciò che di realmente nefasto e distruttivo contiene al proprio interno, al punto da far gridare all'ignoranza il Cardinale Carlo Caffarra e con lui tutte le persone dotate di cattolico buon senso. Come può la Chiesa:

«Valorizzare gli elementi costruttivi in quelle situazioni che non corrispondono ancora o non più al suo insegnamento sul matrimonio»[58].

L'Autore del testo, ci sta forse dicendo che in ciò che di per sé è male, in ciò che di per sé è peccato, possono esservi elementi «costruttivi» da «valorizzare»? Delle due l'una esclude l'altra: o nel peccato sono racchiusi elementi «costruttivi» da «valorizzare», oppure, più semplicemente, non si considera più peccato ciò che fino a ieri era tale. In tal caso perché non cominciare a monte, per esempio valorizzando quel che di buono potrebbe esserci nel peccato originale commesso da Adamo ed Eva? (cfr. Gen 3, 1-13; 3, 22-24). In fondo, anche se il loro agire non corrispondeva più ai comandi dati da Dio e al rispetto delle sue Leggi, nel complesso del loro agire qualche cosa di «costruttivo» da «valorizzare» ci sarà pur stato, o no?

Altrettanto vale per Abele e Caino (cfr. Gen 4, 3-16). In fondo nell'agire di Caino qualche cosa di «costruttivo» da «valorizzare» ci sarà pur stato, anche se in un momento di comprensibile rabbia umana uccise il fratello, o no?

---

[57] Cfr. *Amoris Laetitia*, ibid., 41.43; *Relatio finalis* 2015, 70.
[58] *Supra.*

Sono stato molto vicino al Cardinale Carlo Caffarra, prima come amico, poi, negli ultimi tre anni della sua vita come riservato e modestissimo collaboratore privato, con lui parlai l'ultima volta il giorno prima della sua morte. So quanto quest'uomo di Dio abbia sofferto, seguitando a professare fedeltà assoluta alla Chiesa Cattolica e al Papato sino all'ultimo respiro di vita. Certe cose sono però vincolate dal totale segreto e per questo dovrò portarle con me nella tomba, grato a Dio per avermi concesso il privilegio di conoscere un vero santo vescovo che ha segnato in modo indelebile il sacerdozio e l'ortodossia teologica mia e di vari altri miei confratelli, pronti a dire sì quando è sì e no quando è no, perché il di più — ma di questi tristi tempi anche e forse soprattutto il di meno — proviene dal Maligno (cfr. Mt 5, 33-37).

VIII. Sembra che oggi gli uomini della Chiesa visibile abbiano smarrito il senso stesso di legge e di norma.

L'8 febbraio 2017, dopo che i *Dubia* dei quattro cardinali erano rimasti senza risposta e dopo che il Cardinale Carlo Caffarra avanzava una seconda supplica senza essere mai ricevuto dal Sommo Pontefice, per fugare lo smarrimento e i dibattiti, alcuni comprensibilmente polemici, il Presidente del Pontificio Consiglio per i Testi Legislativi, Cardinale Francesco Coccopalmerio, fu incaricato di dare una risposta indiretta[59]. Il breve testo è presentato con questa nota di Maurizio Gronchi, consultore del Sinodo sulla famiglia e professore ordinario di cristologia alla Pontificia Università Urbaniana:

[59] Cfr. Il capitolo ottavo della Esortazione apostolica post-sinodale *Amoris Laetitia*, Città del Vaticano, Libreria Editrice Vaticana, 2017.

«[…] la tanto discussa interpretazione della nota 351 (N.d.A. di *Amoris Laetitia*) viene così chiarita: "La Chiesa, dunque, potrebbe ammettere alla Penitenza e alla Eucaristia i fedeli che si trovano in unione non legittima, i quali però verifichino due condizioni essenziali: desiderano cambiare situazione, però non possono attuare il loro desiderio. È evidente che le condizioni essenziali di cui sopra dovranno essere sottoposte ad attento e autorevole discernimento da parte dell'autorità ecclesiale. Verissimo, infatti, si rivela, specialmente in queste occasioni, il ben noto principio: *Nemo iudex in causa propria*» (p. 27). L'Autore sceglie di "valutare teologicamente la eventuale ammissione di un fedele ai sacramenti della Penitenza e della Eucaristia" e aggiunge: "Credo che possiamo ritenere, con sicura e tranquilla coscienza, che la dottrina, nel caso, è rispettata" (p. 28). Infatti, la dottrina rispettata è quella dell'indissolubilità del matrimonio, perché tale condizione è riconosciuta come non conforme al Vangelo; la dottrina del sincero pentimento: si ha la coscienza del peccato oggettivo e il proposito di cambiamento, seppur al momento non attuabile; infine la dottrina della grazia santificante: per accedere all'Eucaristia è sufficiente il proposito del cambiamento»[60].

A questo coltissimo Confratello, eminente ordinario di cristologia alla prestigiosissima Pontificia Università Urbaniana, dove abbiamo visto promuovere agli esami, tra un sorriso divertito e l'altro — come se la cosa in sé fosse divertente — eserciti di studenti che sparavano eresie da far impallidire la saga di fantascienza *Guerre Stellari*, vorrei por-

---

[60] «Il capitolo ottavo della Esortazione Apostolica post sinodale *Amoris Leatitia* del Card. Francesco Coccopalmerio Presidente del Pontificio Consiglio per i testi legislativi», in *Associazione Canonistica Italiana*, 9 marzo 2017.
https://www.ascait.org/il-capitolo-ottavo-della-esortazione-apostolica-post-sinodale-amoris-leatitia-del-card-francesco-coccopalmerio-presidente-del-pontificio-consiglio-per-i-testi-legislativi/

re l'identico quesito, strutturato sulle medesime ragioni e le stesse risposte date, sostituendo solamente il Sacramento del Matrimonio con il Sacramento dell'Ordine.

Ecco il quesito: poniamo che io, presbitero, con tutto ciò che in solenni promesse e doveri il Sacramento dell'Ordine comporta, incluso quel celibato che implica la castità, abbia una bellissima e focosa amante venezuelana di 25 anni. Però in cuor mio «desidero cambiare situazione» ma «non posso attuare questo mio desiderio», perché, come si sa — lo sapeva anche Sant'Agostino —, la carne è debole e gli istinti della mia libido più forti delle promesse fatte quando fui consacrato sacerdote. Tuttavia sono però sinceramente pentito e vorrei fare e vivere diversamente, perché questo è il mio desiderio. Ovviamente, desiderando cambiare situazione ma non potendo attuare questo proposito, posto che in sé e di per sé il semplice desiderio basta e avanza, si provvederà a sottoporre queste «condizioni essenziali ad attento e autorevole discernimento da parte dell'autorità ecclesiale». Sono certo che anche in questo caso, diverso ma del tutto analogo, potrà essere applicato quanto il Cardinale Francesco Coccopalmerio afferma:

> «Credo che possiamo ritenere, con sicura e tranquilla coscienza, che la dottrina, nel caso, è rispettata»[61].

E se dalla mia unione con la focosa venticinquenne venezuelana venisse al mondo una coppia di gemelli, sono sicuro, anzi sono certo che al loro mantenimento provvederanno per il 50% la Conferenza Episcopale Italiana e per il 50% la Santa Sede, con tutto l'amore e la letizia del caso.

---

[61] Cfr. Cardinale Francesco Coccopalmerio: «Il capitolo ottavo della Esortazione apostolica post-sinodale *Amoris Laetitia*», n. 3.7 Città del Vaticano, Libreria Editrice Vaticana, 2017.

Semmai al loro Battesimo provvederà direttamente il Sommo Pontefice, con il *fashion* pretino *trendy* che gettata la talare alle ortiche lo intervisterà di nuovo in *jeans,* scarpe da ginnastica, gambe accavallate e postura da osteria, domandandogli quale amore e letizia abbia avvertito in cuor suo nel battezzare i gemelli di un prete al quale il suo intimo desiderio di cambiare ha reso l'originaria purezza, seppure impossibilitato a mutare costumi e condotte di vita e a lasciare la sua amante.

IX. Se certi *teologastri* e *sociologastri* studiassero e si formassero sulla sapienza dei Santi Padri e dottori della Chiesa, l'amore sarebbe veramente pieno di letizia.

Sant'Anselmo d'Aosta e San Tommaso d'Aquino, per giungere nel XVIII secolo a Sant'Alfonso Maria de' Liguori venerato padre della morale cattolica, insegnano che la legge in generale e la stessa legge morale devono guardare anche al caso singolo, all'occorrenza anche a quello particolare, volendo persino all'eccezione rara. Nessuna legge può essere però costruita e adattata al singolo caso particolare, meno che mai all'eccezione, essendo valida ed estesa di per sé *erga omnes.* Alla valutazione del singolo caso, di quello particolare e persino all'eccezione rara, si può giungere attraverso un principio già contemplato dall'antico Diritto Romano: la *analogia legis.*

Chiariamo: la Legge richiede una sua precisa e fissa certezza morale[62] tutti i casi simili devono essere regolati da norme simili. Nessun sistema normativo è però perfetto, chi è preposto ad applicare la legge può così trovarsi a decidere su casi non regolati da alcuna normativa. In casi

---

[62] Cardinale Zenon Grocholewski, *La certezza morale come chiave di lettura delle norme processuali canoniche*, in *Rivista di Diritto Canonico*, V. 9 N. 2 (1997) Dottrina.

96

del genere si dovrà ricercare la volontà implicita della legge attraverso il ricorso all'analogia, basandosi su casi o materie simili regolamentate dalla legge. La *analogia legis* può essere applicata solo a casi non previsti, altrimenti si procederebbe a una interpretazione estensiva, che è altra cosa. Per questo è necessario sussista almeno un elemento d'identità tra il caso per il quale il legislatore ha previsto la regola e quello non previsto per il quale si procede per *analogia legis*. Per quanto riguarda la ammissione dei divorziati risposati alla Santa Comunione Eucaristica, esiste una norma sancita dal Santo Pontefice Giovanni Paolo II che in modo cristallino stabilisce:

> «La Chiesa, tuttavia, ribadisce la sua prassi, fondata sulla Sacra Scrittura, di non ammettere alla comunione eucaristica i divorziati risposati. Sono essi a non poter esservi ammessi, dal momento che il loro stato e la loro condizione di vita contraddicono oggettivamente a quella unione di amore tra Cristo e la Chiesa, significata e attuata dall'Eucaristia. C'è inoltre un altro peculiare motivo pastorale: se si ammettessero queste persone alla Eucaristia, i fedeli rimarrebbero indotti in errore e confusione circa la dottrina della Chiesa sulla indissolubilità del matrimonio»[63].

Abbiamo così chiarito che non sussiste alcun vuoto da colmare, perché la norma esiste ed è stata espressa in modo chiaro e preciso dal Santo Pontefice Giovanni Paolo II. O questa norma viene abrogata d'autorità dal Romano Pontefice che ha la *potestas* per farlo, oppure rimane in vigore e vincolante. A meno che qualcuno o alcuni, in questi

---

[63] Esortazione Apostolica post-sinodale *Familiaris Consortio*, n. 84. Roma, 22 novembre 1981.

tempi nei quali le aquile reali sono in via di estinzione e i polli d'allevamento abbondano e si riproducono a dismisura, non pensi per davvero di cavarsela con un Capitolo VIII fumoso e ambiguo e con una noticina fatta cadere sul fondo di una pagina.

Per tutti coloro che hanno dedicato la loro intera esistenza allo studio del Magistero della Chiesa, una furbata del genere equivale alle quindici martellate date il 21 maggio 1972 da un folle alla Pietà di Michelangelo Bonarroti, tutt'oggi conservata nella Papale Arcibasilica di San Pietro. E tra i vari esempi pertinenti ho scelto questo non a caso, considerando che la Pietà raffigura la *Mater Dei* che tiene disteso tra le braccia il Cristo morto deposto dalla croce.

X. L'ONESTÀ INTELLETTUALE IMPONE DI CHIARIRE: SE DA UNA PARTE LAVORAVANO I "POLLI FURBI" DALL'ALTRA LAVORAVANO I CUPI RIGORISTI.

Sarebbe cosa falsa e intellettualmente disonesta negare che spesso, soprattutto a partire dalla metà dell'Ottocento a seguire, sul sesso e la sessualità umana noi cattolici abbiamo obbiettivamente esagerato[64], come tra poco spiegherò nelle parti dedicate alla Enciclica *Humanae Vitae.* pur non avendo mai sfiorato i livelli di rigore ai quali giunsero quei luterani e quei calvinisti che oggi giocano agli ultra liberali, forse nella certezza che tutti, ma proprio tutti, siano completamente digiuni di storia e privi di memoria storica.

Prendendo a pretesto il Sinodo sulla famiglia un'armata di cosiddetti e impropriamente detti "tradizionalisti" mise in pratica il proprio sport preferito: mutare il Sesto

---

[64] Cfr. Ariel S. Levi di Gualdo: *E Satana si fece trino*, I ediz. Roma 2010, cit. cap. II par. II pag. 228 in II ediz. Roma, 2019, Edizioni L'Isola di Patmos.

comandamento nel *peccato dei peccati*, come se in esso risiedesse *l'intero mistero del male*. E pur di supportare le loro teorie peregrine, da sempre sono pronti "politicamente" a tutto, come quando presero a elevare i vescovi africani a vessillo in difesa dell'ortodossia della famiglia e della più rigida morale sessuale.

Dai discorsi dei vescovi non si può estrapolare ciò che solo interessa, incuranti dei contesti nei quali vivono, anzi fingendo proprio di non sapere che diversi di questi paladini della difesa dei *valori non negoziabili* della famiglia e del sacro matrimonio; questi difensori della vera dottrina che hanno tuonato contro l'adulterio e il concubinato delle scombinate coppie dell'Occidente, più volte sono risultati padri di diversi figli sparsi per il mondo, cosa che la Santa Sede sa da sempre. Nello specifico lo sanno quelli della Congregazione *de propaganda fide*, il cui problema principale, quando si tratta di eleggere un nuovo vescovo in qualche diocesi del Continente Nero, è di riuscire a selezionare un candidato che non abbia concubine e figli sparsi in giro. Impresa tutt'altro che facile in quei Paesi di recente evangelizzazione dove mossi da imprudente spirito politico e ideologico, sul finire degli anni Sessanta e gli inizi degli anni Settanta del Novecento si volle creare in fretta un episcopato locale nel giro di due decenni, immemori che sarebbe occorso almeno un secolo di adeguata formazione.

Un paio di nunzi apostolici che prestarono servizio diplomatico in diversi Paesi del Continente Nero, tra serio e faceto mi narrarono quali furono le loro prime incombenze appena giunti in certi luoghi: lavorare in modo discreto per procedere alla rimozione di alcuni vescovi, taluni dei quali avevano sino a cinque figli, inducendone altri a non tenere a proprio servizio giovani e belle suore più simili a *infermiere sessuali* che a delle religiose dedite alla cura della persona del vescovo, della sua casa e del suo ufficio. E se alcuni vescovi danno questo esempio, si provi a immaginare quali possono essere le condotte di vita di diversi loro preti. Salvo poi tuonare nell'aula sinodale in difesa dei valori della famiglia e della morale sessuale.

A Roma, sul finire del 2009, trascorsi due giornate assieme all'arcivescovo di una diocesi dell'Africa che mi chiese aiuto per la lettura del messale latino del Beato Paolo VI. Pochi giorni dopo sarebbe infatti andato in udienza privata dal Santo Padre Benedetto XVI, avrebbe concelebrato con lui per poi intrattenersi a colloquio durante la colazione.

L'arcivescovo aveva appreso che il Santo Padre usava nella sua cappella privata questo messale e voleva rinfrescare la sua lettura del latino. Prima di andare in udienza disse a me e a un altro sacerdote romano, oggi missionario in una zona indigena dell'America Latina:

«Voglio rivelarvi perché ho chiesto udienza al Santo Padre. Vedete, la mia è una diocesi molto estesa ma povera, altrettanto le sette diocesi suffraganee che compongono la nostra provincia ecclesiastica. Purtroppo abbiamo un grande problema: siamo totalmente privi di mezzi per sostenere tutti i bambini messi al mondo dai nostri preti in giro per i villaggi. Creature verso le quali noi, come Chiesa, abbiamo degli obblighi morali e per questo non possiamo lasciarli abbandonati per le strade. Ecco perché vado dal Santo Padre: a chiedergli un aiuto economico. E visto che quelli della Congregazione *de propaganda fide* non mi hanno ascoltato, spero accetti la mia richiesta e per prima cosa ordini la rimozione dei vescovi di due nostre diocesi suffraganee che hanno più concubine e diversi figli disseminati in giro e che per più volte si sono appropriati di fondi elargiti per il sostegno delle nostre diocesi da alcune fondazioni cattoliche della Germania e degli Stati Uniti d'America».

Pur malgrado, durante le discussioni avvenute nel corso del 2015 nell'ambito del Sinodo sulla famiglia, abbiamo dovuto udire ecclesiastici e laici cattolici che contrapponevano agli «eretici modernisti occidentali distruttori della famiglia e della morale sessuale» quelle rare perle di castità dell'episcopato e del clero africano.

XI. La sana morale cattolica diviene cupo moralismo quando tutto finisce incentrato unicamente sulla genitalità sessuale.

A incentivare la *perversione* del sesso inteso come *peccato dei peccati*, sono dei laici senza umanità sostenuti da qualche teologo specializzato a tirare il sasso, ritirare la mano e istigare personaggi digiuni di teologia — e per questo facilmente manipolabili — ad "armarsi e partire". È la tipica viltà di certi presbiteri che hanno trascorso le loro vite a speculare sulle nuvole dei massimi sistemi dell'intelletto, sino a sprofondare nella madre di tutte le eresie: sostituire l'"*io*" del proprio pensiero pensato a "Dio", che non è più, attraverso il Mistero dell'Incarnazione del Verbo, l'inizio, il centro e il fine ultimo del nostro intero umanesimo, ma il pretesto su cui edificare il proprio *uomocentrismo*.

Poco vale ricordare a questi soggetti che regina e diabolica auriga dei Sette peccati capitali è la superbia, che nella lista occupa il primo posto e come tale è da temere più della lussuria, che non è né la regina né l'auriga dei Sette peccati capitali, per questo è collocata al quinto posto nel Catechismo della Chiesa Cattolica, preceduta da superbia, avarizia, invidia, ira[65]. Sempre ammesso che l'ordine cro-

---

[65] Catechismo della Chiesa Cattolica, n. 1866.

nologico abbia un proprio senso sul piano morale, dottrinale e pastorale.

Certi cattolici cupi molto simili ai sadducei e ai farisei, di fondo sono cresciuti con un'idea di Cristo morto ma non risorto, con un'idea della sessualità tutta quanta manichea, fissi su concetti di arido legalismo e intrisi di pelagianesimo. Analogamente a Lutero hanno seri problemi con la dottrina della predestinazione (cfr. Rm 8,29-30; 1Cor 2,7; Ef 1,5-11) e della giustificazione (cfr. Fil 2,8; Gal 3,13; Rm 3, 25 e 1,17; 3,21-22; 5,17; 9,30; 10,3-10) che rischiano di ridurre a un'idea tutta quanta calvinista, seppure sotto forma di rigorismo morale cattolico.

Se dinanzi ad articolate tematiche pastorali, con implicazioni teologiche e dottrinarie molto complesse, certi personaggi dovrebbero tacere, non altro per quel pudore derivante da una mancanza oggettiva di conoscenza; qualche teologo che dietro le quinte li carica dovrebbe avere maggior pudore e non aprire bocca, a meno che non sia in grado di dimostrare di avere fatto veramente il prete per tutta la vita e avere vissuto la speculazione teologica come una esperienza di preghiera e di servizio pastorale alla Santa Chiesa di Cristo e al suo Popolo Santo.

Essere prete e fare il prete non vuol dire essersi diviso tra aule accademiche, sale di conferenza e biblioteche. Pastoralmente parlando non vuol dire avere celebrato per venti o trent'anni una Santa Messa al giorno alle sette del mattino in una cappella privata per alcune vecchie suore, ma avere trascorso molto tempo dentro i confessionali, avere preso su di sé i dolori e i disagi di singoli e d'intere famiglie, per quant'è vero che Gesù Cristo è l'agnello di Dio che prende su di sé il peccato del mondo (cfr. Gv 1, 29), perché questo è il cuore della Divina Rivelazione. E a chi, se non a Gesù Cristo, deve conformarsi il prete, specie quello che fa anche il teologo?

Questo è il fondamento della teologia, questo il fondamento del sacerdozio ministeriale. Essere e fare il prete vuol dire avere frequentato i reparti di oncologia degli ospedali, avere visitato le carceri dove dei giovani appena ventenni, per una bravata o una follia si sono presi una condanna a vent'anni per omicidio … e via dicendo.

Per quanto mi riguarda ho sempre vissuto la dimensione pastorale come elemento imprescindibile alle speculazioni teologiche, anche per questo capita che mi irriti e non accetti lezioni di pastorale *ragionieristica* da certi personaggi che sono di fatto figure eminentemente accademiche, curiali e politiche.

Quale tristezza il giorno che un vescovo sessantenne, vissuto per tutta la vita tra il mondo delle università pontificie e gli uffici della curia romana, promosso all'episcopato a coronamento della sua carriera ecclesiastica e spedito in una diocesi senza neppure sapere come fosse organizzato un presbiterio diocesano e le parrocchie rette dai suoi presbiteri-parroci, dopo pochi minuti mi passò l'Olio Santo e il rituale dell'Unzione degli Infermi perché non sapeva nemmeno da che parte incominciare ad amministrare quel prezioso Sacramento a un vecchio prete ultra ottantenne malato terminale. E com'era a disagio e sfigurato in volto dentro quel reparto olezzante morte che precedeva come anticamera la sala mortuaria dell'obitorio! Tutti se ne accorsero, inclusi diversi medici e paramedici giunti in quella corsia per rendere omaggio al nuovo vescovo della diocesi in visita a un prete morente.

Allo stesso modo non accetto certi teatrini inscenati dai presbiteri di pura accademia che non vanno a guardare in faccia una giovane ammalata di tumore in fase terminale, ad amministrarle l'unzione degli infermi, a celebrare la Santa Messa a casa sua perché non può uscire dalle mura domestiche al cui interno sta attendendo la morte da un giorno all'altro, alla quale non è possibile offrire come consolazione qualche lezioncina di buona epistemologia in alternativa agli anti-dolorifici a base di morfina solfato. Per non dire che questa povera e giovane ammalata ha la "colpa immane" di essere sposata con un divorziato. Però, vista la gravità irreversibile della malattia, non potendo avere peccaminosissimi rapporti sessuali, lei e il marito divorziato sposato possono ritenersi più o meno a posto a livello morale? Ciò che infatti solo conta in modo imprescindibile e "assolutamente" inderogabile per certi moralisti è che non ci sia di mezzo *il peccato dei peccati*: il sesso. Anche se il loro cupo moralismo, che non ha niente da spartire con la morale cattolica, non ha ancora chiarito se il peccato è rappresentato dal membro che penetra nella vagina oppure se è da considerare peccato solo l'orgasmo, perché in questo secondo caso potremmo stabilire che la penetrazione genitale è concessa, a patto però che non vi sia eiaculazione, ma soprattutto che non vi sia da parte di entrambi alcun piacere. Perché da certi moralisti resi immorali dalla loro insita disumanità c'è da aspettarsi la qualunque, capaci come sono a creare da una parte dei manuali di etica sessuale onirica, dall'altra di negare il mistero stesso della creazione dell'uomo, perché in fondo sono sempre loro, sempre gli stessi incorreggibili personaggi di sempre:

«Guai anche a voi, dottori della legge, che caricate gli uomini di pesi insopportabili e quei pesi voi non li toccate nemmeno con un dito!» (cf. Lc. 11,46).

Nelle pagine del Beato Evangelista Luca sono riportate le diatribe e le critiche di Gesù contro i farisei. Se leggiamo bene quelle righe sembra di ritrovarci di fronte alla disumanità di certi personaggi, dinanzi alle motivazioni dei quali torna a mente la saggia massima di un grande Padre della Chiesa, San Gregorio di Nissa che affermava: «La verginità degli eretici è più impura dell'adulterio». Un'impurità che tramite la via di rigurgiti pelagiani porta infine all'ateismo clericale, all'ateismo della *bestia religiosa*. Un ateismo inteso come negazione del mistero del Verbo di Dio incarnato distrutto nel peggiore dei modi: attraverso la sua riduzione a un fenomeno meramente speculativo.

Con uno zelo da fare invidia al codice della strada della Repubblica Federale Tedesca, chi ragiona in questi termini afferma che i divorziati risposati civilmente «devono vivere come fratello e sorella, in perfetta castità».

Chi si lascia andare ad affermazioni così decise e leggere perde di vista che la castità non è una stoica rinuncia sostenibile con le sole forze della volontà umana — e ciò penso di poterlo dire per esperienza concreta diretta di vita sacerdotale —, ma un dono di grazia da coltivare con quella volontà che scaturisce dalla fede. E chi ha studiato in modo approfondito il *De natura et gratia* di Sant'Agostino, che costituisce un grande dibattito contro quel Pelagio che potremmo a suo modo considerare il padre precursore di certi volontaristi, sa di che cosa stiamo parlando. Pertanto, una coppia di sposi che fosse chiusa all'azione di grazia ma che applicasse con scrupolo e zelo tutte le regole morali, dai metodi naturali sino alla perfetta continenza, potrebbe risultare molto peggiore di una coppia di concubini che pur vivendo nel peccato, ma consapevoli del proprio peccato, sono mossi da un senso di apertura verso sé stessi e il prossimo. È proprio di fronte a queste persone che il Signore Gesù ammonisce:

> «In verità vi dico: i pubblicani e le prostitute vi passano avanti nel regno di Dio. È venuto a voi Giovanni nella via della giustizia e non gli avete creduto; i pubblicani e le prostitute invece gli hanno creduto. Voi, al contrario, pur avendo visto queste cose, non vi siete nemmeno pentiti per credergli» (cfr. Mt. 21, 31-32).

Esistono persone che soffrono a vivere in uno stato di irregolarità morale e di peccato oggettivo, per esempio divorziati risposati civilmente in seconde nozze animati da autentici sentimenti cristiani, nonché ottimi educatori alla vita cristiana dei loro figli, molto più di quanto non lo siano coppie formalmente regolari che al ritorno del bambino dalla lezione di catechismo domandano:

«Tesoro di papà, facci fare due risate: che cazzate ti ha raccontato questa volta quel coglione del prete?».

E poco distante la mamma ride divertita assieme ai nonni dinanzi a quella domanda spassosa rivolta a un bambino di dieci anni con acuto e sapiente spirito pedagogico.

Però sono una famiglia formata da coppie regolarmente sposate, lo sono i nonni e lo sono i genitori del bambino al quale si chiede conto e ragione delle cazzate dette dal prete durante la lezione di catechismo.

Quanto basta per comprendere la delicatezza di certe tematiche che coinvolgono singoli, coppie di divorziati risposati civilmente, i loro figli e interi nuclei familiari.

Tema che da una parte impone di ricordare che il peccato rimane tale senza ricorso a ibridi compromessi, ma al tempo stesso è necessario accogliere, assistere e seguire tutte quelle buone persone animate da sentimenti cristiani che vivono in situazioni di irregolarità dalle quali non potrebbero uscire se non commettendo un danno peggiore, per esempio abbandonando la moglie sposata civilmente in seconde nozze e i figli nati dalla loro unione, che hanno il dovere di amare e accudire. E Dio li giudicherà sulla carità, non sulla loro regolarità o irregolarità coniugale, né sul numero di rapporti sessuali avuti fuori dal matrimonio, che rimangono non consentiti e peccaminosi per la Chiesa che non ha facoltà di affermare in modo emotivo che il peccato non è peccato se commesso da brave e degne persone.

Dal peccato alla pena della dannazione eterna c'è però di mezzo la grazia di Dio che opera nel cuore dell'uomo attraverso i propri mezzi del tutto straordinari e a noi intellegibili, per esercitare i quali non necessita ad alcun titolo del permesso della dottrina e della morale cattolica, che rimangono in ogni caso mezzi ordinari di salvezza. Siamo noi che abbiamo bisogno dei Sacramenti di grazia, Dio no, non ne ha bisogno e può farne tranquillamente a meno.

XII. Quel n. 84 della *Familiaris Consortio* di cui certi cupi moralisti amano citare solo un frammento.

Certi cupi moralisti amano citare solo questo pezzo tratto dal n. 84 della Esortazione Apostolica *Familiaris Concortio* del Santo Pontefice Giovanni Paolo II:

«La Chiesa, tuttavia, ribadisce la sua prassi, fondata sulla Sacra Scrittura, di non ammettere alla comunione eucaristica i divorziati risposati. Sono essi a non poter esservi ammessi, dal momento che il loro stato e la loro condizione di vita contraddicono oggettivamente a quell'unione di amore tra Cristo e la Chiesa, significata e attuata dall'Eucaristia. C'è inoltre un altro peculiare motivo pastorale: se si ammettessero queste persone all'Eucaristia, i fedeli rimarrebbero indotti in errore e confusione circa la dottrina della Chiesa sull'indissolubilità del matrimonio».

Estrapolando e citando solo questo stralcio, dimenticano che esso appare solo oltre la metà del n. 84, preceduto da un discorso ben preciso e articolato che costituisce un'autentica cattedra di carità e di sapienza pastorale:

«L'esperienza quotidiana mostra, purtroppo, che chi ha fatto ricorso al divorzio ha per lo più in vista il passaggio ad una nuova unione, ovviamente non col rito religioso cattolico. Poiché si tratta di una piaga che va, al pari delle altre, intaccando sempre più largamente anche gli ambienti cattolici, il problema dev'essere affrontato con premura indilazionabile. I Padri Sinodali l'hanno espressamente studiato. La Chiesa, infatti, istituita per condurre a salvezza tutti gli uomini e soprattutto i battezzati, non può abbandonare a se stessi coloro che – già congiunti col vincolo matrimoniale sacramentale – hanno cercato di passare a nuove nozze. Perciò si sforzerà, senza stancarsi, di mettere a loro disposizione i suoi mezzi di salvezza. Sappiano i pastori che, per amore della verità, sono obbligati a ben discernere le situazioni. C'è infatti differenza tra quanti sinceramente si sono sforzati di salvare il primo matrimonio e sono stati abbandonati del tutto ingiustamente, e quanti per loro grave colpa hanno distrutto un matrimonio canonicamente valido. Ci sono infine coloro che hanno contratto una seconda unione in vista dell'educazione dei figli, e talvolta sono soggettivamente certi in coscienza che il precedente matrimonio, irreparabilmente distrutto, non era mai stato valido. Insieme col Sinodo, esorto caldamente i pastori e l'intera comunità dei fedeli affinché aiutino i divorziati procurando con sollecita carità che non si considerino separati dalla Chiesa, potendo e anzi dovendo, in quanto battezzati, partecipare alla sua vita. Siano esortati ad ascoltare la Parola di Dio, a frequentare il sacrificio della Messa, a perseverare nella preghiera, a dare incremento alle opere di carità e alle iniziative della comunità in favore della giustizia, a educare i figli nella fede cristiana, a coltivare lo spirito e le opere di penitenza per implorare così, di giorno in giorno, la grazia di Dio. La Chiesa preghi per loro, li incoraggi, si dimostri madre misericordiosa e così li sostenga nella fede e nella speranza».

Queste parole raffigurano quella concreta carità pastorale che deve anzitutto dire sì quando è sì e no quando è no (cfr. Mt 5, 37), del tutto contrapposta per umanità cristiana e spirito di accoglienza al pensare e all'agire dettato da rigido moralismo. Dinanzi a questa realtà il prete e il teologo sapiente devono agire secondo carità, non secondo emotività, né secondo fredda e decisa chiusura.

Il peccato rimane tale, altrettanto il disordine morale e le varie condizioni di irregolarità di molte coppie, che non possono né devono essere accettate e meno che mai benedette. Attenzione però: sono il peccato, il disordine morale e le condizioni di irregolarità di molte coppie che non possono e non devono essere accettate, mentre accogliere e accettare nel seno della Chiesa il peccatore, la persona gravata dal disordine morale e le coppie che vivono in condizioni di irregolarità, è un dovere al quale non possiamo sottrarci, perché facendolo tradiremmo la missione fondativa stessa che Gesù Cristo ha affidato alla Chiesa:

«Mentre Gesù sedeva a mensa in casa, sopraggiunsero molti pubblicani e peccatori e si misero a tavola con lui e con i discepoli. Vedendo ciò, i farisei dicevano ai suoi discepoli: "Perché il vostro maestro mangia insieme ai pubblicani e ai peccatori?". Gesù li udì e disse: "Non sono i sani che hanno bisogno del medico, ma i malati. Andate dunque e imparate che cosa significhi: Misericordia io voglio e non sacrificio. Infatti non sono venuto a chiamare i giusti, ma i peccatori"» (Mt 9, 9-13).

Compito nostro è di condannare sempre il peccato, in modo deciso e senza accomodanti sconti, ma di accogliere sempre il peccatore, purché non si cada in un genere di perversione che da alcuni anni si è insinuata all'interno della Chiesa: considerare il peccato non più tale bensì «preziosa diversità da accogliere», quindi non più accogliere il peccatore ma accogliere e benedire il peccato.

XIII. A CHE SERVE ESSERE CASTI COME ANGELI E SUPERBI COME I DEMONI?

Se toccando quella sfera straordinariamente delicata che è la sessualità umana concentriamo tutto quanto sulla genitalità, come certe frange hanno fatto e seguitano a fare all'interno del mondo cattolico, sino a rasentare forme di vera ossessione, si rischia di scivolare nella impura verginità degli eretici. O come scrisse Blaise Pascal nei suoi pensieri riguardo le monache di Port Royal: «Caste come angeli, superbe come demoni».

Nel corso di un dibattito polemico, ai diretti interessati lamentai che non intendevo prendere lezioni da un certo Signore che lamentando le indubbie ambiguità di *Amoris Laetitia* tuonava contro l'adulterio e il concubinato:

«La Santa Comunione ai divorziati risposati no, giammai: no! Altrimenti sarà infine scisma».

Accanto a lui il teologo di fiducia, che da me interpellato circa le immoralità diffuse all'interno di non pochi circoli cosiddetti cattolici-tradizionalisti, sospese per incanto ogni genere di rigido giudizio e parecchio irritato affermò:

«Queste sono altre questioni, nostro compito è parlare di teologia e non di questioni socio-politiche».

Mi si faccia capire: se si osa sfiorare la vita altamente immorale di certi danarosi e munifici potenti, quelle sono faccende «socio-politiche» che «non riguardano i teologi», il dovere dei quali — specie sul piano del rigore morale — è di prendere a manganellate i deboli che non possono profondere sulle certe opere e fondazioni fiumi di danaro? È così che funziona la morale cattolica di certi rigoristi? Ce lo spieghino gli inflessibili teologi morali usciti dalle accademie dell'Opus Dei e dei Legionari di Cristo. Sì, ci spieghino con quale indulgenza hanno sempre trattato fior di ricchi concubini e fedifraghi impenitenti che profondevano milioni di euro o di dollari sulle loro istituzioni. Salvo tenere presso le loro accademie teologiche ore di ossessive lezioni sulla peccaminosità della masturbazione maschile.

La domanda è semplice: coi soldi di chi hanno messo in piedi certe opere? Coi soldi dei casti santi, o più realisticamente con quelli dei libertini impenitenti e delle ricche signore d'alto bordo che dopo avere divorziato da tre magnati d'industria — ovviamente dopo averli spolpati come fossero state delle piranha — a sessant'anni hanno deciso di non convolare a un quarto matrimonio, accontentandosi di assumere uno statuario ragazzo cubano venticinquenne come segretario privato e di profondere su di lui munifiche donazioni elargite un tanto a centimetro?

O non sono forse queste delle questioni di teologia morale, anzi meglio: le grandi questioni di teologia morale?

Piaccia o meno rimane un dato di fatto: certe istituzioni di moralisti duri e puri sono tenute in piedi con i soldi donati dalle estreme destre americane formate da soggetti che — i più morali in assoluto — sono sposati e divorziati perlomeno un paio di volte e se la spassano appresso con ragazze di trent'anni più giovani di loro. O vogliamo davvero relegare il tutto nelle questioni prive di interesse teologico-pastorale, ma soprattutto d'interesse morale? Questi sono i personaggi che per la maggiore, tra una gozzoviglia e l'altra, si recano poi con l'alabarda cavalleresca in mano e con la lacrima all'occhio alle Sante Messe in rito antico e che tra un *oremus* e l'altro tuonano contro l'adulterio, il concubinato e la Comunione ai divorziati risposati. Come se tutto ciò fossero lussi che non possono essere concessi ai plebei dal basso reddito, ma solo ai grandi dissoluti con i conti a dieci zeri, dinanzi ai quali da una parte si prende, dall'altra non si vedono neppure quei peccati che gridano davvero al cielo, sino ad affermare che «certe questioni non riguardano i teologi» e sentendosi ciò malgrado con la coscienza morale in perfetto ordine.

Stendo un velo pietoso sui cavalieri del Sovrano Ordine di Malta e del Santo Sepolcro, molti circoli dei quali sono ridotti a succursali della Libera Muratoria, tanto sono infiltrati da massoni. Problema confermato dal Cardinale Raymond Leo Burke, incaricato nel 2014 dal Sommo Pontefice come patrono del Sovrano Ordine di Malta:

> «Con me il Papa è stato molto chiaro a questo proposito: un massone non può essere membro dell'Ordine di Malta. E mi ha detto che ci sono persone che si ostinano con la loro appartenenza nella Massoneria e che dovrebbero essere espulsi. Così sta lavorando su questo, sì»[66].

---

[66] Redazione: «Il cardinale Burke a Infovaticana: dai *Dubia* all'Ordine di Malta, passando per Trump», *Agenzia Corrispondenza Romana*, edizione dell'11 aprile 2017, tratto da *InfoVaticana*-Spagna

... e più sono ricchi, più sono saltati da una parte all'altra del mondo a celebrare esotici matrimoni e altrettanti esotici divorzi, salvo poi presenziare in alta uniforme ai solenni pontificali dei vescovi dentro le cattedrali, senza che alcun circolo di tradizional-moralisti duri e puri proferisse un solo gemito di dissenso.

Dinanzi ai peccati legati al Sesto comandamento, come confessore ho sempre trattato i peccatori con grande umanità, senza mai lanciare verso di loro le brucianti saette dei giudizi morali impietosi. Forse perché consapevole, come un piccolo Agostino, che in passato io stesso fui Aurelio di Tagaste e nella mia vita precedente al sacerdozio ho percorso la dimensione affettiva e sessuale in lungo e in largo. Talora, quelli confessati da certi penitenti, sono peccati più leggeri di quelli commessi da me nella mia vita che fu. Questo mi induce a riflettere con profonda gioia cristologica sulla grazia, trovandomi oggi per ineffabile mistero ad assolvere mediante il ministero della Chiesa i peccatori, verso i quali profondo come devoto *instrumentum Dei* tenerezza e misericordia come giudice e come medico.

Questo il motivo per il quale ogni giorno si rinnova in noi non il concetto del *summum ius summa iniuria* [67], ma l'incanto del mistero pasquale: «*O felix culpa, quae talem ac tantum meruit habere Redemptorem*» [68]. È in questo che risiede la differenza sostanziale e formale che corre tra i piccoli farisei resi spietati nel cuore per la loro chiusura *uomocentrica* alla grazia, i pastori in cura d'anime e gli uomini di Dio resi puri di cuore nella misura in cui hanno accolto e fatto

https://www.corrispondenzaromana.it/notizie-dalla-rete/il-cardinale-burke-a-infovaticana-dai-dubia-allordine-di-malta-passando-per-trump/

[67] Il sommo diritto è somma ingiustizia.

[68] O felice colpa che ci fece meritare un tale e così grande Redentore.

fruttare dentro di sé quei doni di grazia che li ha proiettati in un essere e divenire tutto incentrato in una dimensione cristocentrica, all'interno della quale albergano sentimenti come amore, pietà e misericordia.

Essere amorevoli, pietosi e misericordiosi vuol dire riconoscere il peccato, percepirne la gravità e combatterlo, ma sempre accogliendo il peccatore, soprattutto colui che ha commesso i peccati peggiori, i peccati più gravi.

Essere amorevoli e misericordiosi non vuol dire confermare il peccatore nel peccato e accogliere il peccato dentro la Chiesa non riconoscendolo più come tale, peggio accogliendo il male come fosse bene. Questa è la grande insidia alla quale può portare l'ambigua mancanza di chiarezza di *Amoris Laetitia* e di coloro che interpretano nel peggiore dei modi.

Chiariamo come sempre con un esempio: mai discriminerei una donna divorziata che convive fuori dal matrimonio con un uomo divorziato, avendo nei loro riguardi particolari doveri di accoglienza e ascolto, perché più di altri necessitano di essere seguiti. Una cosa è certa: se fossi parroco non permetterei mai a una donna che vive in simile stato — che rimane stato di pubblico peccato — di insegnare catechismo, come invece fanno diversi miei confratelli dicendo «ma è tanto brava … ma è una cara amica». Non dovrebbe essere nemmeno pensabile che persone in simile stato possano fare i catechisti o essere membri del consiglio parrocchiale, sino a creare circoli di divorziati e conviventi all'interno delle parrocchie che lungi dal riconoscere di vivere pur malgrado in uno stato di irregolarità, affermano che loro sono nel giusto e la Chiesa sbaglia. Per questo sono da sempre contrario alla creazione di gruppi di "omosessuali cattolici" o di "cattolici LGBT" all'interno delle strutture parrocchiali. Sappiamo bene a che cosa finiscono col ridursi questi gruppi: «Noi siamo nel giusto, perché ci amiamo, è la Chiesa ottusa e cattiva che sbaglia e che non vuole accettare il nostro amore».

Situazioni di cui non sono responsabili i parroci ma i vescovi che non sanno più cosa sia l'accoglienza nella carità e cosa voglia dire respingere il peccato e accogliere sempre e in ogni caso anche e soprattutto il peggior peccatore.

Il Cardinale Carlo Caffarra comprese l'impianto delle insidie nascoste dietro certe forme di carità e misericordia pelosa e velenosa, lanciando l'allarme per imperativo di coscienza. Per tutta risposta è stato attaccato e irriso da laici *radical-chic* e da ecclesiastici camaleontici con serie lacune sulla dottrina e la morale cattolica. Infine è morto di crepacuore come indefesso difensore della dottrina della fede.

«Sono stato crocifisso con Cristo e non sono più io che vivo, ma Cristo vive in me» (Gal 2, 20).

⁎⁎⁎

III

UN PONTIFICATO PROBLEMATICO: LA GRANDE
DECADENZA E IL SILENZIO DEGLI INNOCENTI

Quando la critica, di per sé sempre legittima, non può produrre niente, perché talune particolari situazioni storiche, sociali ed ecclesiali le impediscono di originare qualsiasi efficacia, è sempre da evitare, perché in quel caso annegherebbe in un circolo vizioso in cui finisce col nutrirsi solo di sé stessa, aumentando confusioni e disorientamenti, anziché dissiparli.

In certe occasioni anziché alla critica inefficace si può ricorrere all'ironia. Quando cominciai a percepire quanto la critica scientifica fosse inefficace e improduttiva per smuovere certe coscienze, più volte sono ricorso all'arma dell'ironia, sino a lanciare la cosiddetta campagna: «Non pigliateli sul serio, pigliateli per il culo»[69]. E dopo questo invito a effetto precisai che in certi contesti e situazioni la presa di giro, lungi dall'esser fine a sé stessa finisce con l'essere un atto di perfetta carità cristiana. Temo infatti che a molti sfugga che Gesù Cristo stesso ricorse all'ironia facendo uso dello stile espressivo dell'epoca. Non solo, perché i termini di certe invettive usate sono di una durezza straordinaria. Se certe espressioni rivolte in dialetto aramaico da Cristo Dio a zelanti dottori della legge e scribi fossero tradotte col lessico del romanesco odierno, scopri-

---

[69] Ariel S. Levi di Gualdo: «Preti *trendy*? Non pigliateli sul serio, pigliateli per il culo, è un atto estremo di perfetta carità cristiana. E adesso vi spiego cos'è davvero volgare …», *L'Isola di Patmos*, edizione del 14 giugno 2017
https://isoladipatmos.com/la-grande-decadenza-e-il-silenzio-degli-innocenti-quando-per-proteggere-la-madre-e-la-famiglia-i-figli-devono-superare-la-grande-prova-di-fede-vivere-e-soffrire-come-se-il-padre-non-esis/

remo che i termini vagamente equivalenti di «*grannissimi fiji de mignotta*» o di «*saccocce piene de merda*», non riuscirebbero a rendere l'idea di quanto in durezza espresse il Redentore. Provino gli esegeti a spiegare che cosa comportava a livello lessicale ed espressivo rivolgersi a degli alti notabili giudei dicendo loro in forma ironica e dura:

> «In verità vi dico: i pubblicani e le prostitute vi passano avanti nel regno di Dio» (Mt 21, 31).

Espressione in cui sussiste sia l'ironia sia la severità legata a un profondo richiamo morale. Sarebbe come dire oggi ai membri del Collegio Cardinalizio che le *mignotte* che lavorano lungo la Via Casilina sono più rispettabili di loro e più meritevoli di entrare nel Paradiso, cosa che personalmente ritengo molto possibile e realistica.

Accusare alti e zelanti notabili religiosi di essere come i sepolcri imbiancati:

> «[…] belli a vedersi, ma dentro sono pieni di ossa di morti e di ogni putridume» (Mt 23, 27)

era cosa di gran lunga peggiore rispetto al dir loro "siete dei grandissimi pezzi di merda". Con i cadaveri, per non parlare dei cadaveri putrefatti, il devoto israelita non poteva contaminarsi, specie i membri della casta sacerdotale, ai quali la הלכה (*halakha*, l'equipollente *diritto canonico*) proibiva di avvicinarsi ai luoghi di sepoltura per questioni legate al mantenimento della purità. Paragonare certi alti notabili religiosi a dei cadaveri putrefatti, era molto più offensivo che dir loro semplicemente "pezzi di merda". Questo era Gesù Cristo, non il *bambolotto androgino* presentato sui *social media* attraverso santini photoshoppati.

A livello di pura speculazione teologica ho dissertato persino su una questione ipotetica: se un pontefice potesse essere privo della grazia di stato propria del suo ufficio[70]. Ipotesi mai verificatasi nell'intera storia della Chiesa, almeno che si sappia, ma sulla quale è lecito speculare.

A Pietro, Cristo Signore, prima di dire «conferma i tuoi fratelli nella fede» disse: «che non venga meno la tua fede», poi aggiunse «una volta ravveduto». Solo dopo queste due premesse lo esortò dicendo «conferma i tuoi fratelli nella fede» (Lc 22, 31-33). Rifletteci bene, perché non è affatto poca cosa …

I. LA VERITÀ E LA SINDROME DI PONZIO PILATO: QUANDO UNA VERITÀ PUÒ SALVARE UN'ANIMA E QUANDO INVECE POTREBBE DANNARLA IN ETERNO

Altra cosa sulla quale interrogarsi seriamente è il concetto di verità. Ovvio che bisogna dire la verità, noi pastori in cura d'anime in particolare, che della verità siamo servi devoti e annunciatori fedeli, purché la verità produca frutto e generi salvezza. Sicché quando si parla e parlando ci si espone senza esitazione anche alle peggiori ire, è fondamentale interrogarsi sul modo stesso di dire e di annunciare la verità, perché una verità espressa male o presentata in modo inadeguato perde efficacia e sia la missione dell'annuncio sia il rendere giustizia alla verità si tradurrà in un grande fallimento, se non peggio in un danno. Drammatiche e attuali suonano quindi le parole di Cristo Signore

---

[70] Ariel S. Levi di Gualdo: «Può un Romano Pontefice legittimamente eletto e Successore legittimo del Beato Apostolo Pietro essere privo della grazia di stato?», in *L'Isola di Patmos*, edizione del 16 dicembre 2018

https://isoladipatmos.com/puo-un-romano-pontefice-legittimamente-eletto-e-successore-legittimo-del-beato-apostolo-pietro-essere-privo-della-grazia-di-stato/

riportate dal Beato Apostolo Giovanni che riferisce del suo colloquio con Ponzio Pilato al cui quesito Egli risponde:

«Per questo io sono nato e per questo sono venuto nel mondo: per rendere testimonianza alla verità. Chiunque è dalla verità, ascolta la mia voce». Udite quelle parole, Ponzio Pilato replica: «Che cos'è la verità?» (Gv 18, 37-38).

Se da una parte Ponzio Pilato voleva conoscere e appurare la verità, dall'altra era incapace a recepirla e a comprendere il concetto stesso di verità.

Quella che oggi potremmo definire come *sindrome di Ponzio Pilato* è forse estinta, semmai grazie alla neoscolastica decadente e al neotomismo cristallizzato, polemico e aggressivo di certi cosiddetti e impropriamente detti "tradizionalisti", posto che San Tommaso d'Aquino — quello autentico — cosa fosse la verità lo ha spiegato in lungo e in largo, sino a meritarsi i titoli di *Doctor Angelicus* e di *Doctor Communis*?

Purtroppo, il neotomista cristallizzato, polemico e aggressivo, alla prova dei fatti ignora quanto oggi la verità sia molto più sconosciuta di quanto lo fosse ieri a Ponzio Pilato. Nella nostra odierna società post-moderna decadente, *vero* e *veritiero* è solo ciò che i soggetti sentono e percepiscono attraverso quella pura soggettività emotiva dalla quale viene poi alla luce un testo confuso e ambiguo come *Amoris Laetitia*. Tentare la cura di certe metastasi col neotomismo sarebbe come curare il cancro con le pillole omeopatiche di quel pensiero positivo che costituisce una pandemia socio-psicologica.

La triste realtà con la quale dobbiamo confrontarci — salvo rinchiudersi in caso contrario nel mondo dell'irreale —, è data dal fatto che la emotività ha sostituita quella verità che quel limitato prefetto romano di Ponzio Pilato non conosceva, o che non era in grado di conoscere, al punto da chiedere «Che cos'è la verità?» (Gv 18, 38). Pilato poteva essere però giustificato per ignoranza profonda, inevitabile e forse anche invincibile, noi no.

Presupposto fondante della verità è la conoscenza, al quale segue la piena accettazione di questa conoscenza, ossia della verità. Si può reclamare la conoscenza della verità per pura curiosità morbosa senza assumersi le responsabilità che la conoscenza della verità comporta?

«Non date le cose sante ai cani e non gettate le vostre perle davanti ai porci, perché non le calpestino con le loro zampe e poi si voltino per sbranarvi» (Mt 7, 6).

Quanti sono oggi i porci che rivendicato il "diritto" ad avere le perle della verità per poi calpestarle e voltarsi per sbranare chi in modo improvvido gliel'ha date?

Due esempi simili ma diversi nelle conseguenze prodotte ci aiuteranno adesso a comprendere che cosa può produrre la verità e quanto possa essere prudente non dirla a chi non può reggerla e affrontarla. A breve tempo di distanza l'uno dall'altro ho conosciuto in passato i casi di due uomini affetti entrambi dallo stesso tumore al cervello, posizionato in modo da renderlo operabile. A entrambi fu diagnosticato quando le metastasi erano già diffuse, rendendo inutili interventi chirurgici e terapie. Il primo di questi ammalati era un commerciante, marito e padre di tre figli. L'oncologo che diagnosticò il male gli spiegò in modo dettagliato le conseguenze di quel male incurabile nel vicino futuro, compresa la perdita della coscienza e la riduzione allo stato vegetativo. Presa coscienza che stava andando incontro alla morte e che prima del suo sopraggiungere avrebbe perduto le proprie facoltà mentali, l'uomo cercò di sistemare le sue cose pratiche e il più vicino alla moglie e ai figli. Tornò anche a frequentare la Chiesa, dalla quale era latitante da decenni, incontrò un confessore e tornò a ricevere i Sacramenti. Appena il male cominciò a degenerare domandò di ricevere la sacra unzione degli infermi, quando era sempre presente e lucido. Poi la malattia ebbe il corso che gli era stato spiegato e in grazia di Dio morì, lasciando un tenero ricordo alla moglie e ai figli.

A poco tempo di distanza lo stesso oncologo diagnosticò il medesimo tumore a un suo collega, chirurgo e docente universitario, illustrandogli l'impossibilità di intervenire chirurgicamente e la inefficacia della chemioterapia. L'insigne clinico, marito e padre di due figli, sapendo del male di cui doveva morire e il modo in cui sarebbe morto, si diresse con la propria automobile su un tratto autostradale dove si trova un ponte alto alcune centinaia di metri che collega un colle all'altro, parcheggiò la macchina di lato con le quattro frecce di posizione accese e si lanciò di sotto. Contrariamente al caso testé narrato, alla moglie e ai figli non lasciò un tenero ricordo. Uno dei due figli, divenuto anch'esso chirurgo, a un decennio di distanza dal suicidio del genitore mi disse:

«Mio padre non è morto di tumore al cervello, è morto di vigliaccheria».

La stessa identica verità può produrre effetti diversi sulla base della diversità dei soggetti umani: che si tratti del prurito di voler sapere solo per mondana e mediatica *pruderie*, o che si tratti di verità molto amare da accettare.

Il tutto rende necessario valutare con prudenza e sapienza se la verità può essere recepita e dare frutto, oppure stravolta e rifiutata sino a generare frutti malefici.

II. Prima di dire a Pietro «conferma i fratelli nella fede» gli dice «una volta ravveduto». Poco dopo Pietro rinnega Cristo Dio per tre volte, tanto si era ravveduto …

Spiegando il concetto di *punto di non ritorno*, in una riflessione ebbi a suggerire che dinanzi a una Chiesa visibile affetta da una decadenza dottrinale e morale irreversibile è necessario aprire quanto prima la banca del seme[71]. In altra riflessione che toccava temi legati allo smarrimento dottrinale e alla crisi morale, sino all'apostasia diffusa all'interno della Chiesa, usando le parole dei Libri Sapienziali spiegai:

> «[…] non ho né gettato la spugna sul *ring* di pugilato, né ho alzato bandiera bianca dinanzi al nemico, meno che mai da leone ruggente sono divenuto un castrato del Settecento barocco che canta con la voce di una soprano afona. Molto semplicemente, nel tracciare un piano di lavoro per l'anno nuovo, ho riflettuto sul fatto che: "c'è un tempo per stracciare e un tempo per cucire, c'è un tempo per tacere e un tempo per parlare …" (cfr. Ec 3, 1-8). E oggi bisogna misurare bene, su che cosa parlare, per evitare che il parlare, ma soprattutto il denunciare ed il criticare, sia solo fine a sé stesso, con il solo risultato di non scalfire minimamente gli accoliti di Satana, ma al tempo stesso disorientare però ancora di più il Popolo di Dio molto sofferente e smarrito, che ha bisogno di essere sostenuto nella grande prova»[72].

---

[71] Ariel S. Levi di Gualdo: «Dinanzi ad una Chiesa visibile affetta da una decadenza dottrinale e morale irreversibile, è necessario aprire quanto prima la banca del seme», in *L'Isola di Patmos*, edizione del 10 settembre 2018
https://isoladipatmos.com/dinanzi-ad-una-chiesa-visibile-affetta-da-una-decadenza-dottrinale-e-morale-irreversibile-e-necessario-aprire-quanto-prima-la-banca-del-seme/
[72] Ariel S. Levi di Gualdo: «In questa terribile notte buia, per il nuovo anno 2019 il programma di lavoro è stato dettato a *L'Isola di Patmos* dal Beato

Oggi la Santa Chiesa sta vivendo una crisi della fede senza precedenti storici. Questa crisi della fede ha generato una crisi della dottrina che a sua volta ha generato una profonda crisi morale nel clero. Non pochi storici e teologi hanno provato a individuare qualche precedente analogo, ma non siamo riusciti a individuarne. Personalmente ho tentato di fare raffronti col periodo dell'eresia ariana del IV e V secolo, o con il grande decadimento dei secoli IX e X, con la crisi morale e dottrinale del clero precedente la celebrazione del IV Concilio Lateranense sotto il pontificato del Sommo Pontefice Innocenzo III, oppure con la crisi analoga caratterizzata da una spaventosa ignoranza diffusa nel clero che precedette il Concilio di Trento celebrato sotto tre diversi pontificati nell'arco di diciotto lunghi anni. Ma sono tentativi di raffronto che non hanno niente di simile a quanto oggi stiamo vivendo. Ho provato a comparare la nostra epoca a quella della grande decadenza segnata dalla caduta dell'Impero Romano. Anche dinanzi a questo paragone il raffronto regge in modo debole, per questo in quel mio articolo spiegai:

> «Siamo alla *caduta dell'impero* e tra non molti anni la Chiesa Cattolica come sino a oggi l'abbiamo conosciuta e intesa non esisterà più; esisterà "altro". Il nostro sistema ecclesiale ed ecclesiastico si è già sfasciato dall'interno, ed attualmente è in corso una inquietante trasformazione. Purtroppo, sia

Apostolo Pietro: "Il vostro nemico, il diavolo, come leone ruggente va in giro, cercando chi divorare. Resistetegli saldi nella fede, sapendo che i vostri fratelli sparsi per il mondo subiscono le stesse sofferenze di voi"», in *L'Isola di Patmos*, edizione del 4 gennaio 2019

  https://isoladipatmos.com/in-questa-terribile-notte-buia-per-il-nuovo-anno-2019-il-programma-di-lavoro-e-stato-dettato-a-lisola-di-patmos-dal-beato-apostolo-pietro-il-vostro-nemico-il-diavolo-come-leone-ruggente-va/

nel Collegio Episcopale sia nel Collegio Sacerdotale non abbiamo un numero neppure minimo di elementi in grado di fronteggiare questo progressivo decadimento».

Per poi proseguire:

«[…] in questa situazione senza precedenti, per analogia viene a mente la discesa dei barbari dal Nord dell'Europa. La profonda differenza, dinanzi a questa vaga somiglianza, è data dal fatto che i barbari si convertirono al Cristianesimo, ed anche grazie a loro la Cristianità fu salva e si diffuse tra le stesse popolazioni barbariche. E da che cosa furono colpiti i barbari? Cosa li spinse alla conversione? Presto detto: la loro conversione è legata a figure straordinarie di vescovi, presbiteri e monaci ai quali i barbari riconobbero tempra virile, coraggio, autorevolezza, quindi grande autorità. Loro, i barbari, che basavano e che reggevano tutto sulla forza materiale, fisica, muscolare, riconobbero il valore della forza spirituale derivante dalla grazia di stato del carattere sacramentale del sacro ordine e quindi della grazia di Dio […] Dinanzi alla caduta del grande impero sotto i colpi della apostasia dalla fede, non si può né riparare i danni né tanto meno correre più ai ripari, si può solo salvare il salvabile, per poi ripartire domani da un piccolo nucleo sparuto sparso per il mondo a ricostruire sopra le macerie della grande devastazione. A quel punto, tra un paio di secoli, rinascerà una piccola Chiesa formata da pochi fedeli, che ripartendo da zero cercherà di spiegare agli uomini del mondo delle parole ormai obsolete e dimenticate di cui nessuno conoscerà più il vero significato: Natale, Gesù di Nazareth, Pasqua di Risurrezione, Ascensione, Pentecoste, Rivelazione, Redenzione, Grazia di Dio, Trinità, Immacolata Concezione … […] Il nostro processo di rinascita sarà però molto lungo e alla fine dell'opera produrrà solo un piccolo gregge di fedeli sparsi per il mondo, dando in tal modo pieno compimento alla parola del Verbo di Dio: "Dove sono due o tre riuniti nel mio nome, io sono in mezzo a loro" (cf. Mt 18, 20)»[73].

Facendo un'analisi lucida dell'attuale pontificato è anzitutto necessario chiarire — come più volte ho fatto e scritto nel corso di questi anni — che l'attuale Pontefice regnante, lungi dall'essere esente da difetti, a volte anche gravi, non è però il responsabile di certe derive ecclesiali, dottrinali e pastorali che partono e si sviluppano da lontano. È solo l'erede ultimo per sequenza temporale. Ho cercato di chiarirlo più volte con questo esempio:

> «[…] egli è solo l'ultimo dei clienti giunto nel ristorante e che appena varcata la soglia è stato aggredito dai camerieri che hanno preteso da lui il pagamento dei conti di tutti coloro che prima di lui avevano pranzato e cenato senza però pagare, ma lasciando fior di conti sospesi»[74].

La confusione generata dall'ambiguità di *Amoris Laetitia* e lo smarrimento dottrinale e pastorale che ne è seguito è il prodotto finale di qualche cosa che precede di molti anni questo augusto pontificato.

---

[73] Ariel S. Levi di Gualdo: «La caduta dell'impero: quelle brutte storie del Vaticano II che nessuno racconta per non intaccare il superdogma», in *L'Isola di Patmos*, edizione del 24 marzo 2017
https://isoladipatmos.com/la-caduta-dellimpero-quelle-brutte-storie-del-vaticano-ii-che-nessuno-racconta-per-non-intaccare-il-superdogma/
[74] Ariel S. Levi di Gualdo: «Il Sommo Pontefice che non è un provinciale ma un quartierale, quando "conferma i fratelli nella fede" è sempre ignorato dai giornali laicisti e dai teologastri eretici», in *L'Isola di Patmos*, edizione del 24 novembre 2017
https://isoladipatmos.com/il-sommo-pontefice-che-non-e-un-provinciale-ma-un-quartierale-quando-conferma-i-fratelli-nella-fede-e-sempre-ignorato-dai-giornali-laicisti-e-dai-teologastri-eretici/

III. L'apice dell'ipocrisia: una Chiesa che magnifica le diversità ma che stronca violentemente qualsiasi pensiero contrario alla dittatura del "nuovo corso".

Sotto i pontificati del Santo Pontefice Giovanni Paolo II e del Venerabile Pontefice Benedetto XVI, che non sono stati esenti né da errori di governo né da scelte rivelatesi poi dannose negli anni successivi, abbiamo vissuto la nascita di tante belle amicizie cristiane e sacerdotali; ci siamo uniti in tanti valori, scopi e missioni comuni, pur nelle nostre diversità umane e intellettuali. All'interno della Chiesa si parlava e si dibatteva, a volte in modo anche acceso, ma restando nella sostanza uniti dal nostro essere cristiano e cattolico Popolo Santo di Dio, il Collegio Episcopale, liberi di parlare e di servire la Chiesa. Questo perché sulla Cattedra del Beato Apostolo Pietro c'erano uomini tutt'altro che perfetti, incluso Giovanni Paolo II, oggi venerato santo per la eroicità delle sue virtù; eroicità che non hanno mai implicata la perfezione, perché anche lui i propri errori li ha commessi. E questi Sommi Pontefici hanno custodito con sapiente sollecitudine l'unità della Chiesa.

Sotto gli ultimi due pontificati la Santa Chiesa ha conosciuto ben altre espressioni di pluralità, a partire dalle nomine episcopali, posto che i vescovi sono il cuore del Corpo della Chiesa assieme ai loro presbiteri. Nelle varie conferenze episcopali si radunavano vescovi che erano — per usare dei termini impropri tratti dal lessico dei giornalisti —, sia conservatori che progressisti, tutti parte viva del Collegio Episcopale. Non mancavano gelosie, tentativi di stroncare alcune figure, però si dibatteva.

Oggi a che cosa è ridotto l'episcopato? A emulatori che scimmiottano quella esotica pastorale scissa dalla dottrina e posta al di sopra della dottrina stessa. Le omelie dei vescovi sono un fiorire di luoghi comuni incentrati su una idea surreale di poveri, povertà e flussi migratori. Basta ascoltarne uno per averli ascoltati tutti. I vescovi hanno abdicato l'annuncio del Santo Vangelo per dedicarsi a fare i socio-politologi e i piacioni delle Sinistre *radical chic*.

Nei passati incontri i vescovi non esitavano a discutere su certe scelte pastorali del Sommo Pontefice Giovanni Paolo II e del Sommo Pontefice Benedetto XVI. Oggi, in questo clima di cosiddetta grande apertura pastorale verso il dialogo, la collegialità, l'accoglienza delle diversità e l'inclusione, nessuno osa proferir sospiro al di fuori del coro, perché tutti sono terrorizzati. È un fatto che oggi l'elemento di divisione prenda vita da quel vertice della Santa Chiesa che dell'unità è custode. Per indicibile paradosso al quale nessuno era preparato, a originare confusione in materia di dottrina è colui al quale è stato dato da Cristo il mandato di «confermare i fratelli nella fede» (cf. Lc 22, 32).

Prima di esortare Pietro a «confermare i fratelli nella fede» Cristo lo ammonisce dicendo:

> «Simone, Simone, ecco Satana vi ha cercato per vagliarvi come il grano; ma io ho pregato per te, che non venga meno la tua fede; e tu, una volta ravveduto, conferma i tuoi fratelli nella fede» (Lc 22, 31-32).

La Parola di Dio è chiara nel mettere anzitutto in guardia dalle insidie di Satana, alle quali Pietro non è esente, anzi può essere esposto persino più di tutti gli altri. Poi si prega affinché non venga meno in Pietro la fede, soprattutto si chiarisce: «una volta ravveduto». Solo dopo questo chiaro invito al ravvedimento Cristo Dio dice a Pietro «Conferma i tuoi fratelli nella fede», sempre con buona pace di chi salta a piè pari tutti questi passaggi fondamentali per enunciare in modo de-contestualizzato che Pietro ha ricevuto mandato di «confermare i fratelli nella fede», punto e basta! Certo che lo ha ricevuto questo mandato, ma a tutti i precedenti moniti che precorrono questo invito a confermare, che fine gli facciamo fare? Come intendiamo leggerli? Dopo che Pietro ricevette questo mandato, non trovò forse di meglio da fare che rinnegare Cristo per tre volte? E in che modo lo fece: «giurando» e arrabbiandosi «imprecando» (Mc 14, 66-71). Eppure Pietro il proprio mandato non lo ricevette in seguito all'elezione avvenuta all'interno di un conclave, ma da Cristo Dio in persona che glielo conferì e che di sicuro aveva un'autorità molto superiore a quella di una assemblea di cardinali. E forse scelse apposta lui che racchiudeva così bene in sé tutte quelle fragilità e debolezze umane con le quali un giorno ci saremmo dovuti confrontare e specchiare direttamente sulla Cattedra di Pietro duemila anni dopo.

Chiunque parte dalle grandi speculazioni metafisiche e teologiche campate in aria rischia di annegare in un bicchiere d'acqua, dinanzi a problemi imprevisti mai verificatisi nella storia della Chiesa, peggio se impossibili da risolvere. Il vero sapiente è capace ad accettare che non sempre si può avere una risposta per tutto, meno che mai si possono inventare risposte arrampicandosi sugli specchi pur di ribattere a tutti i costi. Conseguenza: o si precipita nelle spirali del cieco fideismo acritico, oppure si offre una visione falsa e falsante della fede, pur di difendersi dai propri fantasmi. Infine dando una risposta a tutti i costi e costi quel che costi, costasse pure tagliare dal Santo Vangelo delle frasi che prese e isolate dall'intero contesto divengono una menzogna: «Conferma i tuoi fratelli nella fede». Ignorando che questa affermazione è preceduta da un prima:

Cristo Dio che prega affinché «non venga meno la tua fede» e precisando «una volta ravveduto» (Lc 22, 31-32).

Dinanzi a certe azioni manipolatorie verrebbe da provare santa invidia per coloro che ignorano l'esistenza di Aristotele, che non sanno che cosa sia la scolastica, che non hanno mai sentito nominare Sant'Anselmo d'Aosta e San Tommaso d'Aquino, ma che con mezza *Ave Maria* recitata male con fede semplice e autentica finiranno nel Paradiso. Mentre noi, ai quali è stato dato il bene dell'intelletto e della scienza, se intelletto e scienza li abbiamo usati per falsare la Parola di Dio e tirare fuori da essa ciò che non c'è scritto e manipolare il Popolo di Dio, finiremo nel Purgatorio sino al giorno del giudizio universale, proprio perché l'Onnipotente è misericordioso.

In questi tempi tristi e confusi il Popolo di Dio, assieme ai suoi Vescovi e Sacerdoti, deve proteggere più che mai Pietro, allontanare da lui le insidie di Satana e pregare per il suo ravvedimento, affinché possa procedere ad adempiere il mandato a lui conferito da Cristo Dio: confermare i fratelli nella fede, non confonderli nella dottrina della fede. E chiunque, Vescovo o Sacerdote, che dinanzi a questa realtà evidente sceglie di rinchiudersi nel pavido silenzio dettato da ragioni di personale opportunismo, dovrebbe tenere in conto un altro monito:

> «Il padrone di quel servo arriverà nel giorno in cui meno se l'aspetta e in un'ora che non sa, e lo punirà con rigore assegnandogli il posto fra gli infedeli» (Lc 12, 46).

E noi *ministri in sacris* non ce la potremo cavare dinanzi al giudizio di Dio attraverso il beneficio della non conoscenza o dell'ignoranza inevitabile, come il povero servo che pur non conoscendo la volontà del padrone «avrà fatto cose meritevoli» e che per questo «di percosse ne riceverà poche» (Lc 12, 48). A noi che tanto abbiamo ricevuto da Dio in doni di grazia, Cristo Signore ci ammonisce:

«A chiunque fu dato molto, molto sarà chiesto; a chi fu affidato molto, sarà richiesto molto di più» (Lc 12, 48).

Nessuno è obbligato a essere eroe e nessuno obbligato ad accettare il martirio che rientra nei doni particolari. Dio può offrire all'uomo la possibilità di morire martire per la fede, dono che egli può non accettare, senza compromettere la salute eterna della propria anima. Il Beato Apostolo Paolo ci viene incontro spiegando:

«Accogliete tra voi chi è debole nella fede, senza discuterne le esitazioni. Uno crede di poter mangiare di tutto, l'altro invece, che è debole, mangia solo legumi. Colui che mangia non disprezzi chi non mangia; chi non mangia, non giudichi male chi mangia, perché Dio lo ha accolto» (Rm 14, 1-3).

Anche questo monito paolino necessita d'essere letto e compreso per ciò che realmente dice: al debole nella fede, o colui che non mangia e che può cibarsi solo di legumi, non deve essere permesso di aggredire con spirito distruttivo chi è forte nella fede, né può sottrarre cibo a chi può nutrirsi e a chi ha bisogno vitale di nutrimento. Se quindi Pietro, per paradosso o prova di fede a noi data dalla misericordia divina, anziché elemento di unità finisce con l'essere punto di divisione, in quel caso bisogna essere uniti più che mai a lui, al quale oggi è necessario dare prova della nostra fedeltà attraverso la nostra fede nella Chiesa.

Il Pontefice regnante, nella situazione che si è creata e della quale lui per primo è responsabile con tutte le ambiguità lessicali e dottrinali del caso, non può essere aiutato da critiche fini a sé stesse, anche se fondate sulla pura verità dei fatti. In questa situazione di decadenza potrebbe essere toccato e indotto al ravvedimento (cfr. II Gc 1, 18) dalle nostre critiche costruttive fondate a monte sul nostro ossequio alla dottrina della Chiesa di Cristo, che da sempre è totalmente diversa dalla dottrina che piace al mondo.

IV. Alla fine dell'Ottocento il Sommo Pontefice Leone XIII vide traballare la Cattedra di Pietro.

L'attuale pontificato può essere interpretato solo alla luce della più profonda mistagogia. A suo modo questo momento di buio è un grande dono di grazia. Forse Dio, dopo gli immani disastri da noi operati per generazioni, sta mettendo alla prova la nostra fede attraverso la Cattedra di Pietro che oggi pare davvero traballare dopo essere stata corrosa dai tarli. Il Sommo Pontefice Leone XIII lo vide con largo anticipo, per questo scrisse parole difficilmente equivocabili nella Preghiera a San Michele Arcangelo:

> «[...] *Ecclesiam, Agni immaculati sponsam, faverrimi hostes repleverunt amaritudinibus, inebriarunt absinthio; ad omnia desiderabilia eius impias miserunt manus. Ubi sedes beatissimi Petri et Cathedra veritatis ad lucem gentium constituta est, ibi thronum posuerunt abominationis et impietatis suae; ut percusso Pastore, et gregem disperdere valeant* [...]»[75].

---

[75] «La Chiesa Sposa dell'Agnello Immacolato, è resa ubriaca da nemici scaltrissimi che la colmano di amarezze e che posano le loro mani sacrileghe su tutte le sue cose più desiderabili. Laddove c'è la Sede del Beatissimo Apostolo Pietro posta a cattedra di verità per illuminare i popoli, lì hanno stabilito l'abominevole trono della loro empietà, affinché colpendo il Supremo Pastore si possa così disperdere il gregge» (S.S. Leone XIII, *Orazione a San Michele Arcangelo*, 1890).

Per generazioni abbiamo voluto giocare a rendere tutto opinabile, instabile, insicuro e relativo. Forse Dio sta cercando di farci ravvedere mostrandoci i frutti di questo processo degenerativo antico ormai di un secolo, palesando l'opinabile, l'instabile, l'insicuro e il relativo nella stessa Cattedra di Pietro. Appunto per questo la nostra domanda non dovrebbe essere quanto o se l'attuale Pontefice sia o non sia un buon Pontefice, perché altro dovrebbe essere il nostro quesito: noi, nel corso di tutti gli ultimi decenni di storia, che cosa abbiamo fatto per meritarci un Pontefice Magno?

E se Dio ci stesse misericordiosamente ripagando con le stesse monete che da tempo noi stiamo spendendo, per indurci al pentimento, alla remissione dei nostri peccati e alla nostra vera conversione?

Oggi molti figli soffrono, sentendosi non accuditi da un padre premuroso. Imputano al padre la responsabilità di non proteggere la madre e di non accudire a dovere la famiglia, di seminare tra i propri figli rancori e liti, anziché tenerli uniti in amorevole armonia.

Poniamo che questo sia purtroppo il padre, cosa fare: attaccarlo, rinnegarlo? Nessun figlio può negare che il padre che lo ha generato sia suo padre, a prescindere da tutti quelli che potrebbero essere i suoi peggiori demeriti.

In casi di necessità il figlio può mantenersi distante dal padre e vivere come se il padre non esistesse, ma senza mai distruggere la figura del padre e la legittimità del padre stesso.

In questo consiste la prova di fede: mantenere integra la figura del padre e proteggerla, affinché questo legittimo ruolo possa essere ricoperto domani da un padre sapiente, premuroso e degno.

Nel corso di questi ultimi anni, parlando e scrivendo ripetutamente sulla crisi della Chiesa, che come ogni grande crisi diviene irreversibile al momento in cui si è superato il *punto di non ritorno*, a partire dal 2014 ho fatto riferimento più volte al *paradigma del Titanic*, affondato nell'anno 1912[76]. Usando l'immagine di questo transatlantico colpito dall'*iceberg* ho scritto vari articoli nei quali sono state spiegate e indicate le priorità alle quali dedicarsi in simili momenti di emergenza dinanzi alla catastrofe immane. Oggi noi *ministri in sacris* siamo sul Titanic che imbarca acqua nelle stive dopo essere stato colpito dall'*iceberg*. Dinanzi a questa tragedia immane diverse sono le reazioni, ve ne offro adesso una rassegna molto realistica.

Ci sono coloro che essendo assurti in alti ruoli dirigenziali nella compagnia navale *White Star Line* si muovono per i vari saloni del transatlantico dicendo che non è vero che sta imbarcando acqua e rischia di affondare, ma che è una menzogna messa in giro dai nemici della società navale e da coloro che odiano il capitano, che ha un solo e unico difetto: quello di essere semplicemente perfetto, oltre che infallibile qualsiasi cosa dica o faccia.

Ci sono poi le persone indifferenti dentro il salone delle feste che seguitano a festeggiare, convinte che questo transatlantico perfetto guidato da un uomo infallibile qual-

---

[76] Ariel S. Levi di Gualdo: «L'Anticristo e la profezia di Vladimir Soloviev: il SOS del Titanic e la Chiesa che cola a picco», in *L'Isola di Patmos*, edizione del 29 dicembre 2014

    https://isoladipatmos.com/wp-content/uploads/2017/09/29.12.2014-Ariel-S.-Levi-di-Gualdo-L-ANTICRISTO-E-LA-PROFEZIA-DI-VLADIMIR-SOLOVIEV.pdf

siasi cosa dica o faccia, non possa affondare. E se affondasse, la cosa riguarderebbe *in primis* quelli che si trovano ammassati nei ponti inferiori e nelle stive della terza classe.

Seguono infine coloro che, consapevoli che il transatlantico sta affondando e che la gran parte dei passeggeri moriranno da lì a breve, incominciano a criticare i cantieri di Liverpool dove il Titanic è stato costruito, mentre altri replicano con critiche rivolte al capitano, a loro dire vero responsabile, non avendo dato ordine di virare per il verso giusto dopo l'avvistamento dell'*iceberg*.

Alla discussione seguono le divisioni in fazioni e gruppi e i conseguenti litigi, sino a coloro che cominciano a sostenere che il capitano in verità non è il vero capitano, che non è mai stato nominato tale, perché quello vero e legittimo è stato costretto ad andare in pensione anticipata da una congiura di massoni britannici in combutta con la Mafia del Galles ostile alla compagnia navale. Frattanto il livello dell'acqua sale, ma a tutti costoro poco interessa, anzi non interessa proprio niente. Ciò che a loro preme è stabilire di chi è la colpa, come mai e perché.

Sorvoliamo poi sui "maestri della logica" che tentano di spiegare che se l'*iceberg* ha colpito la nave questa non può affondare, per il semplice fatto che il capitano non può sbagliare mai e in alcun caso, qualsiasi manovra imprudente faccia.

Per ultimi ci siamo noi, consapevoli che il capitano è stato indotto a spingere i motori al massimo per battere ogni primato di traversata, quindi consapevoli dell'affondamento in corso al quale si aggiunge il dramma delle scialuppe di salvataggio insufficienti, tanto che molti finiranno in mare, inclusi quelli capaci di nuotare, che però non sopravvivranno fino all'arrivo dei soccorsi immersi a una temperatura di zero gradi nelle acque gelide. Questa tragica consapevolezza fa risuonare in noi il monito:

> «Larga è la porta e spaziosa la via che conduce alla perdizione, molti sono quelli che entrano per essa; stretta invece è la porta e angusta la via che conduce alla vita, e quanto pochi sono quelli che la trovano!» (Mt 7, 13-14).

Così, anziché perdere tempo a discutere sulle scelte di navigazione volute o imposte al capitano, o anziché discutere sui materiali di costruzione del transatlantico, o anziché rassicurare che il capitano non può mai sbagliare manovra, ci muoviamo tra le cabine e saliamo sui ponti superiori con l'acqua che sta salendo sempre più, invitando uomini e donne al pentimento e alla remissione dai peccati, recitando di testa in testa l'assoluzione in *articulo mortis*:

> «*Ego, facultate mihi ab Apostolica Sede tributa, et remissionem omnium peccatorum tibi concedo ...*»[77].

E mentre gli aristocratici di ieri e oggi seguitano a compiacersi della compagnia navale *White Star Line* nel salone delle feste e a considerare il transatlantico assolutamente inaffondabile, noi seguitiamo a recitare di fedele in fedele: «*Ego te absolvo ...*». Finché l'acqua non ci avrà sommersi per consegnarci purificati, attraverso questo segno sacramentale del Battesimo — l'acqua —, al premio della vita eterna.

---

[77] Per le facoltà a me concesse dalla Sede Apostolica, io ti concedo la remissione da tutti i tuoi peccati ...

VI. Non esiste altra strada se non l'obbedienza a Pietro, specie quando obbedire può essere doloroso. La lezione del Sommo Pontefice Benedetto XVI sull'obbedienza e la fedeltà.

La storia del Sommo Pontefice Benedetto XVI è tutta da scrivere e da conoscere, perché non conosciamo le vere ragioni del suo atto di rinuncia. Sappiamo solo che è stato un atto libero, valido e legittimo. Lui stesso lo ha spiegato. Le ragioni oggi ignote, ma che forse un giorno emergeranno, tra del tempo o tra molto tempo, non renderanno mai invalido il suo atto, né mai potrà essere messa in discussione l'elezione del suo legittimo Successore.

Mentre tutti si interrogano su questioni più o meno fantasiose, avanzando ipotesi perlopiù surreali, nessuno coglie la solenne lezione data a tutti noi dal Sommo Pontefice Benedetto XVI, che è questa: egli si è allontanato dalla Città del Vaticano prima dell'apertura del Conclave, affermando già prima della sua elezione la propria «incondizionata obbedienza» al proprio Successore. Poco dopo, al suo Successore eletto che lo ha chiamato per annunciargli lui di persona la propria elezione, ha detto:

«Santità, fin d'ora io vi prometto la mia totale obbedienza e la mia preghiera».

E se il Venerabile Pontefice Benedetto XVI, il cui ministero non è cessato con la sua morte ma con un suo libero atto di rinuncia, ha professato con simile fede la propria obbedienza al suo Successore, noi non dovremmo forse seguire il suo esempio e fare altrettanto, anziché polemizzare, sollevare questioni assurde e ridurre questo gesto di straordinaria portata storica a uno squallido chiacchiericcio internetico condito con l'olio e il sale della fantascienza e del più becero complottismo? È contemplato un unico caso nel quale un presbitero non deve obbedire al vescovo: qualora il vescovo imponga o comandi al presbitero cose contrarie al Santo Vangelo, al *depositum fidei* e al magistero perenne della Santa Chiesa.

Da molti anni sono confessore stabile di numerosi sacerdoti, non ne ho mai conosciuto uno che abbia lamentato un comando dato dal suo vescovo in aperto conflitto con il deposito della fede e la dottrina cattolica.

Nel corso di questi ultimi anni ho spiegato e ribadito più volte che nessuno di noi, nel corso di un atto solenne tal è la consacrazione di un sacerdote mediante il Sacramento dell'Ordine, ha mai promesso che il vescovo gli sarebbe rimasto sempre simpatico o che lo avrebbe sempre stimato. Tutti noi, dinanzi ai presbiteri presenti e al Popolo di Dio abbiamo promesso pubblicamente al vescovo filiale rispetto e devota obbedienza. Questo è ciò che al vescovo dobbiamo: filiale rispetto e devota obbedienza. Nessun presbitero ha mai promesso che sarebbe stato un perfetto ruffiano o che si sarebbe cimentato nell'arte del *culum lingere*, per usare un eufemismo poetico catulliano[78].

Mi disse una volta un vescovo in tono stizzoso:

«Tu sembri non perdere occasione per mostrare la tua totale mancanza di stima nei miei riguardi».

Preciso, prima di proseguire, che non era uno dei due vescovi, buoni e impeccabili nella dottrina, dalla cui giurisdizione ho avuto la grazia di dipendere canonicamente.

Rimanendo alquanto perplesso risposi:

«Vostra Eccellenza vuole indicarmi quale legge ecclesiastica o quale solenne promessa prevede che un presbitero debba stimare un vescovo? All'autorità del vescovo ubbidisco, perché l'obbedienza gli è dovuta e io gliel'ho

---

[78] Valerio Gaio Catullo, *Carmen* 97, alla lettera: «leccare il culo».

promessa solennemente. Invece, per quanto riguarda la stima, quella non gli è dovuta, posto peraltro che lei è un perfetto cretino. Pertanto, se il vescovo la vuole, per quanto mi riguarda la stima se la deve meritare e guadagnare».

Questo pensare corretto e cattolico l'ho sempre applicato anche al primo dei vescovi: il Romano Pontefice Vescovo di Roma, verso il quale posso anche nutrire una mancanza parziale o persino totale di stima, ma che devo venerare e ubbidire come successore del Beato Apostolo Pietro e come legittimo Capo della Chiesa Cattolica.

Inutile a dirsi: se nella dimensione di vita sacerdotale, che è inserita in una precisa struttura gerarchica sacramentale, subentra il tarlo emotivo "non mi piace quindi non obbedisco", o peggio "non mi piace quindi non lo riconosco come autorità", a quel punto la Chiesa raffigurata nella simbologia come una barca guidata da Pietro, finirebbe veramente per colare a picco senza neppure sbattere su un *iceberg* come il Titanic. Non esiste altra strada, se non l'obbedienza a Pietro, unitamente alla nostra preghiera affinché egli si ravveda e una volta ravveduto adempia al suo principale ministero apostolico: «Conferma i fratelli nella fede». Nel mentre, in questo clima nel quale la divisione e la disunione pare prendere vita proprio dalla figura di Pietro, noi dobbiamo unirci in una sorta di *lega santa* e tenere sempre ben chiare a mente le parole del Beato Apostolo Paolo:

«Ma se vi mordete e divorate a vicenda, guardate almeno
di non distruggervi del tutto gli uni gli altri!» (Gal 5, 15).

Il Popolo di Dio fin troppo disorientato non ha bisogno dei litigi scatenati dai *blogger* sedicenti cattolici in cerca di *follower*, di giornalisti complottisti o di certi venefici preti fuori equilibrio, necessita di santi pastori e laici impegnati nella diffusione delle verità evangeliche. Questa è la nostra missione basata sulla Preghiera sacerdotale di Gesù a Dio Padre riportata dal Beato Apostolo:

«E la gloria che tu hai dato a me, io l'ho data a loro, perché siano come noi una cosa sola. Io in loro e tu in me, perché siano perfetti nell'unità e il mondo sappia che tu mi hai mandato e li hai amati come hai amato me» (Gv 17, 22-23).

I buoni pastori, se tali sono vanno sostenuti, seguendoli e contribuendo alle necessità utili per adempiere la gravosa opera del loro ministero apostolico. E i buoni pastori sono anzitutto coloro che lavorano nella Chiesa e per la Chiesa, con Pietro e sotto Pietro, a tutela della Chiesa e del Popolo Santo di Dio. Chi invita a ribellarsi al padre e a distruggerne la figura, peggio a rinnegarlo, non ha capito niente del mistero della salvezza, perché questo mistero non si realizza attraverso i sentimentalismi emotivi, ma attraverso quell'obbedienza che porta alla croce:

«[…] apparso in forma umana,
umiliò se stesso
facendosi obbediente fino alla morte
e alla morte di croce.
Per questo Dio l'ha esaltato
e gli ha dato il nome
che è al di sopra di ogni altro nome;
perché nel nome di Gesù
ogni ginocchio si pieghi
nei cieli, sulla terra e sotto terra;
e ogni lingua proclami
che Gesù Cristo è il Signore,
a gloria di Dio Padre»
(Fil 2, 7-11).

Se qualcuno conosce altre vie diverse dalla croce indicata da Cristo Signore per conseguire la salvezza che le indichi. Quando il vescovo, consacrandomi sacerdote mi consegnò il libro dei Santi Vangeli per annunciare il mistero della redenzione e il pane e il vino offerti dal Popolo Santo di Dio per la celebrazione del Sacrificio Eucaristico, può essere che non abbia capito che cosa dovevo fare e come lo dovevo fare? O devo forse farmi istruire a svolgere correttamente il sacro ministero e a predicare adeguatamente il Santo Vangelo dai *blogger* sedicenti cattolici che spargono litigi, odi e veleni in giro per i *social media*? Noi presbiteri dobbiamo forse farcelo spiegare dagli internauti furibondi che aggrediscono il Pontefice regnante su siti e blog, in modo quasi sempre e di rigore anonimo, salvo reclamare l'eroismo degli altri, a loro dire colpevoli di non ribellarsi pubblicamente a Pietro, come un prete deve operare e agire per essere veramente un autentico santo prete? Posto che un pastore in cura d'anime, fosse pure un sacerdote molto difettoso e limitato, rimane comunque per grazia sacramentale sempre più attendibile e affidabile di un *blogger* più o meno anonimo con una visione del tutto distorta e fantasiosa di Chiesa e di dottrina cattolica. La giusta strada ci è stata indicata dal Beato Apostolo Pietro:

«Esorto gli anziani che sono tra voi, quale anziano come loro, testimone delle sofferenze di Cristo e partecipe della gloria che deve manifestarsi: pascete il gregge di Dio che vi è affidato, sorvegliandolo non per forza ma volentieri secondo Dio; non per vile interesse, ma di buon animo; non spadroneggiando sulle persone a voi affidate, ma facendovi modelli del gregge. E quando apparirà il pastore supremo, riceverete la corona della gloria che non appassisce. Ugualmente, voi, giovani, siate sottomessi agli anziani. Rivestitevi tutti di umiltà gli uni verso gli altri, perché *Dio resiste ai superbi, ma dà grazia agli umili*. Umiliatevi dunque sotto la potente mano di Dio, perché vi esalti al tempo opportuno, gettando in lui ogni vostra preoccupazione, perché egli ha cura di voi. Siate temperanti, vigilate. Il vostro nemico, il diavolo, come leone ruggente va in giro, cercando chi divorare. Resistetegli saldi nella fede, sapendo che i vostri fratelli sparsi per il mondo subiscono le stesse sofferenze di voi. E il Dio di ogni grazia, il quale vi ha chiamati alla sua gloria eterna in Cristo, egli stesso vi ristabilirà, dopo una breve sofferenza vi confermerà e vi renderà forti e saldi. A lui la potenza nei secoli. Amen!» (I Pt 5, 1-11).

A chi questo non fosse chiaro, può sempre ritirarsi in compagnia di Ponzio Pilato e passare la propria vita a domandarsi con lui: «Che cos'è la verità?» (Gv 18, 37-38). E mentre i cani abbaiano alla luna la carovana passa, come recita un antico proverbio arabo. E assieme alla carovana passa anche la possibilità di entrare nel mistero della salvezza, come narra la parabola delle vergini stolte, che quando giunse lo sposo furono lasciate fuori dalla porta (cfr. Mt 25, 1-13). E fuori da Cristo «porta delle pecore» (Gv 10, 7), c'è la «fornace ardente dove sarà pianto e stridore di denti» (Mt 13, 42).

ॐ

IV.

LA QUESTIONE DELLA *HUMANAE VITAE* È SEMPLICE: FATE L'AMORE E FATELO BENE. CHI SANCISCE NUOVI DOGMI È PEGGIORE DI CHI I DOGMI LI PONE IN DISCUSSIONE E POI LI DE-COSTRUISCE

Sulla sofferta enciclica del Santo Pontefice Paolo VI ho scritto molte pagine e fatto diverse catechesi e *lectiones*, sempre collocandola nel suo ambito storico-sociale ed ecclesiale e non mancando di spiegare e ripetere che per il futuro Santo Pontefice costituì un trauma dal quale non si riprese più. N'è prova che fu la sua ultima enciclica, a cui seguirono dieci anni di tormentato pontificato senza che mai più ne scrivesse altre. La *Humanae Vitae* lasciò un segno indelebile anzitutto addosso a chi la scrisse.

I. RILEGGERE *HUMANAE VITAE* A PARTIRE DA *AMORIS LAETITIA*?

Nella stagione del rimettere tutto in discussione, soprattutto del rivoluzionare — parola incompatibile con l'essenza stessa del Cristianesimo —, anche la *Humanae Vitae* doveva essere sottoposta a questo processo.

Dietro a questa operazione ci sono i Gesuiti *new generation* che nel 2017 promossero il primo convegno alla Pontificia Università Gregoriana, dove Maurizio Chiodi, presbitero e teologo di indubbia e alta preparazione, ipotizzò la «rilettura» della *Humanae Vitae*. Trovo il suo pensiero interessante e in buona parte condivisibile[79], cesso di condi-

---

[79] Cfr. *Infallibilità sulle questioni morali?* A cura di Maurizio Mastrofini, in *SettimanaNews*, edizione del 19 agosto 2022.

http://www.settimananews.it/teologia/infallibilita-sulle-questioni-morali/

viderlo se rischia di trascinare nel relativismo teologico e morale, senza nulla togliere al valore di questo studioso.

«Ci sono circostanze, mi riferisco ad *Amoris Laetitia* capitolo VIII, che proprio per responsabilità richiedono la "contraccezione"»[80].

Le dispute teologiche intorno a *Humanae Vitae* hanno caratterizzato la storia moderna della Chiesa Cattolica, per questo Paolo VI dovette soffrire molto di fronte all'aperta contestazione subita per quella sua ultima enciclica, dove indica come atto di magistero autentico e definitivo che la contraccezione è contraria non solo alla procreazione, ma anche all'amore umano. Lascia aperta la porta soltanto ai metodi naturali, non intesi però in senso contraccettivo.

Già nel primo capitolo abbiamo parlato delle inquietanti derive dottrinali dei Gesuiti. Nel trattare questo nuovo argomento evito di fare una analisi storica articolata per spiegare che cosa sono stati i Gesuiti a livello di dura morale legata soprattutto alla sessualità umana e a tutto ciò che a essa era connesso, dal 1814, data della loro rifondazione, sino agli anni Sessanta del Novecento. Per non parlare del rapporto con la donna, quella che oggi molti di loro vogliono non solo attiva e partecipe nella Chiesa — dove attiva e partecipe è sempre stata —, ma che possa divenire diacono, poi semmai anche sacerdote. Lascia perplessi che proprio l'Ordine più moralista e misogino dell'intera storia della Chiesa oggi porti avanti e diffonda queste proposte peregrine dall'alto empireo della Pontificia Università Gregoriana, che per titolo è pontificia ma nei fatti non è cattolica.

---

[80] Maurizio Chiodi: «Rileggere *Humanae vitae* (1968) a partire da *Amoris Laetitia* (2016)», *lectio magistralis* tenuta alla Pontificia Università Gregoriana il 14 dicembre 2017.

Più che un lungo *excursus* storico sui loro due ultimi secoli di vita, i Gesuiti meriterebbero uno scritto comico-ironico, perché non meritano di essere presi sul serio, ma solo presi in giro. Mi limiterò a illustrare in breve come gli stessi che ieri minacciavano l'Inferno a un povero adolescente che guardava con la coda dell'occhio una ragazza, oggi sono gli stessi che dichiarano legittimo giudicare i fatti e le azioni secondo le circostanze, non accogliendo più il peccatore da redimere, né l'eretico da correggere, perché il peccato per un verso l'eresia per altro verso sono definiti «preziosa diversità da accogliere». E se qualcuno ribatte a simili empietà con la morale evangelica, esce fuori il Preposito Generale della *Nuova Compagnia delle Indie* a ribattere:

> «[…] Intanto bisognerebbe incominciare una bella riflessione su che cosa ha detto veramente Gesù. A quel tempo nessuno aveva un registratore per inciderne le parole. Quello che si sa è che le parole di Gesù vanno contestualizzate, sono espresse con un linguaggio, in un ambiente preciso, sono indirizzate a qualcuno di definito»[81].

Nel XX secolo la Compagnia di Gesù ha donato alla Chiesa una pericolosa mente teologica brillante come quella di Karl Rahner, nel XXI secolo le ha donato un idiota, nel senso etimologico, come Arturo Sosa Abascal.

Tra un brillante teologo pericoloso e un idiota, questo secondo rimane sempre il più pericoloso in assoluto. Con un Rahner si può infatti ragionare con grande soddisfazio-

---

[81] Giuseppe Rusconi: «Gesuiti: Padre Sosa: parole di Gesù? da contestualizzare!», intervista al Preposito Generale della Compagnia di Gesù, in *Rosso Porpora*, edizione del 18 febbraio 2017, edita anche sul quotidiano della Svizzera cattolica italiana *Il Giornale del Popolo*, edizione del 18 febbraio 2017
https://www.rossoporpora.org/rubriche/interviste-a-personalita/672-gesuiti-padre-sosa-parole-di-gesu-da-contestualizzare.html

ne e ottimi risultati, mentre con un Sosa no, a meno che non si voglia umiliare la propria intelligenza umana e teologica per abbassarsi al suo infimo livello.

II. *HUMANAE VITAE* È UN DISCORSO CHIUSO SUL PIANO DELLA DISCIPLINA APERTO SU QUELLO DELLA SPECULAZIONE TEOLOGICA.

Prima di procedere con l'esempio che segue è necessario un inciso: ogni tanto qualcuno mi ha rimproverato di parlare troppo di me stesso. Cerchiamo di essere ragionevoli: quand'è che lo faccio? Avendo scritto migliaia e migliaia di pagine credo di poter affermare che ho usato me stesso solo per parlare di varie esperienze di carattere umano, spirituale, dottrinale, per poi trasporre e tradurre il tutto nel concreto teologico e pastorale. Chiunque abbia assistito alle lezioni di insigni accademici cimentati nelle varie specialità, avrà notato che quel tal professore, che esercita anche la professione di avvocato penalista, durante le sue lezioni tenderà a portare agli studenti varie esperienze personali per spiegare come funziona nel concreto un processo e come lo stesso è stato messo in moto. I professori delle varie cattedre cliniche, con una vita trascorsa dentro le sale operatorie, spesso narrano agli studenti dei corsi di specializzazione con quale paura e tremore presero per la prima volta un bisturi in mano per incidere la carne a un essere umano, o di quanto complesso fu quel particolare intervento su un paziente affetto da una forma molto rara di tumore e in qual modo procedette nell'operazione chirurgica. Potremmo seguire con l'ingegnere progettista, l'architetto, il biologo, il chimico ...

Col medesimo approccio possiamo prendere come esempio il Beato Apostolo Paolo, che più volte narra sé stesso, la propria giovinezza (cfr. At 7, 55-60), la propria conversione (cfr. At 9, 1-9), le proprie esperienze e viaggi apostolici (cfr. At 13-14), per poi introdurre la sua predicazione incentrata sui più arcani misteri della Rivelazione. Cosa dire di Sant'Agostino che a tal scopo parlò abbondantemente di sé stesso nell'opera *De Confessiones*? In questa opera il Santo Vescovo di Ippona parla di sé, illustra la sua conversione al Cristianesimo e la sua vita, a partire dalla sua stagione giovanile di libertino dissoluto, quando era Aurelio di Tagaste. Era forse un egocentrico Sant'Agostino, o più semplicemente voleva trasmettere il chiaro messaggio: "Se uno come me ha accolto la grazia di Dio, può accoglierla chiunque sia minimamente aperto a essa"?

Chiuso l'inciso procedo con un esempio di vita vissuta che tutt'oggi mi induce a sorridere in modo sincero ma anche amaro, ripensando a quando, uno dei miei formatori gesuiti disse al mio vescovo in modo pacato e sibillino che ero un ottimo candidato al sacerdozio, però dovevo approfondire meglio l'aspetto morale, tanto da suggerire di farmi fare, anziché i corsi specialistici in teologia dogmatica, quelli in morale. Il motivo del consiglio sibillino era proprio dovuto alla *Humanae Vitae*, riguardo la quale affermai e scrissi:

«Questo documento è destinato a rimanere un discorso chiuso sul piano della disciplina, ma aperto su quello della speculazione teologica. Infatti, la proibizione dell'uso dei contraccettivi, per quanto sia espressione di sommo magistero supportata sul diritto naturale e sulla *traditio catholica*, non può essere, oggi e neppure domani, sorretta su elementi dogmatici tali da ricorrere *ex cathedra* a un pronunciamento solenne del magistero infallibile. In tutta la letteratura vetero e novo testamentaria non c'è un solo elemento di solido appoggio per tenere in piedi dogmaticamente la disciplina che sancisce la proibizione dell'uso dei contraccettivi; che è disciplina e norma data sapiente e opportuna, ma che non può essere dogmatizzata. E chi oggi la dogmatizza mostra di non sapere che cosa sia il dogma, o che cosa sia il supporto dogmatico che sorregge una disciplina ecclesiastica o canonica».

Riguardo la dottrina contenuta nella *Humanae Vitae* che vieta l'uso dei contraccettivi, non è stato mai espresso un giudizio della Chiesa nella forma solenne della definizione, come quello del primo grado che ha per oggetto tutte le dottrine attinenti al campo dogmatico e morale, che sono necessarie per custodire ed esporre fedelmente il deposito della fede. Basti leggere la Lettera Apostolica del Santo Pontefice Giovanni Paolo II *Ad tuendam fidem* del 29 maggio 1998.

Questa disciplina sancita dal Santo Pontefice Paolo VI è da intendersi come proposta infallibilmente, purché nessuno che sia davvero poco ferrato nelle materie dottrinarie e morali finisca col confondere un pronunciamento legato alla infallibilità di cosiddetto secondo grado con la proclamazione di un nuovo dogma della Fede Cattolica. Questo è il grave errore nel quale rischiano di cadere certi cosiddetti *rigoristi*: inventare dogmi che non esistono.

Mai bisognerebbe perdere di vista i due opposti che portano per vie diverse allo stesso erroneo risultato: da una parte i Karl Rahner e gli Hans Küng che hanno dato avvio al dogma ragionato, al dogma re-interpretato, al dogma in movimento e in evoluzione da adattare ai tempi. Tutto questo porta alla inevitabile conseguenza della de-costruzione del dogma, cosa che a onesto onor del vero va precisato che non era nelle premeditate intenzioni del Rahner. Quando infatti si innescano certi meccanismi, il motore finisce col fuggir di mano anzitutto a chi l'ha attivato. Per questo è inevitabile che da un Rahner nasca poi un Hans Küng, altra mente speculativa straordinaria, più brillante e dotata del maestro stesso. A seguire nascono poi le varie sottomarche rahneriane: Karl Lehmann, Walter Kasper, Reinhard Marx … che per manifestarsi peggiori di quanto lo sia stato il Küng, prima hanno atteso d'aver fatto quella gran carriera ecclesiastica alla quale il celebre teologo svizzero eterodosso ha dimostrato di non avere mai aspirato, rivelandosi parecchio più onesto e coerente di quanto mai lo siano stati costoro. Oltre a questi celebri nomi di teologi eterodossi conclamati rivestiti a uno a uno con le porpore cardinalizie, vi sono poi i piccoli Küng della Magna Grecia che costituiscono il nostro italico folclore teologico locale, perché un siciliano e un sardo che giocano a fare i tedeschi sono davvero spassosi. Mi riferisco al presbitero incravattato Giuseppe Ruggieri e all'Arcivescovo Ignazio Sanna grande decantatore della eredità teologica di Karl Rahner[82]. Peccato che nessuno abbia mai spiegato a questi grandi pensatori nostrani che per darsi toni da *intellettuali tedeschi* non basta dare del "tu" a Dio e del "lei" a un ragazzino di 14 anni, occorre molto di più, nel bene ma soprattutto nel male teologico.

III. DALLA DONNA CHE ABORTISCE AL CANNIBALE CHE MANGIA CARNE UMANA, PER FARE IL MALE E COMMETTERE PECCATO OCCORRE CONOSCENZA, VOLONTÀ E DELIBERATO CONSENSO.

Come già detto in precedenza di questi tempi, due dei nuovi dogmi proclamati da certi soggetti sono il n. 84 della *Familiaris Consortio,* lungimirante esortazione apostolica post-sinodale del Santo Pontefice Giovanni Paolo II, a cui

---

[82] Cfr. Ignazio Sanna: «L'eredità teologica di Karl Rahner», Edizioni *Lateran University Press*, Roma, gennaio 2005.

fa seguito il dogma del «no alla Santa Comunione ai divorziati risposati» contrapposta ai linguaggi ambigui e fuorvianti contenuti nella *Amoris Laetitia*.

Elementi quali errore, eresia e peccato hanno una loro scala in rapporto sia al concetto che al dato oggettivo della loro gravità, il tutto legato alla conoscenza, alla volontà e al deliberato consenso. Insomma, l'etica del buon Aristotele trasposta poi a supporto delle verità di fede da San Tommaso d'Aquino. E, pur senza ricorrere a esempi che sarebbero molti e articolati, dico «conoscenza» perché non tutti sono consapevoli della grave peccaminosità di certi atti e azioni, specie in soggetti nei quali il senso naturale del bene e del male è molto ridotto, in alcuni gravi casi pressoché inesistente. A quel punto il concetto di "colpa" come lo giochiamo, posto che la colpa non è un gioco utile a dar lavoro ai moderni redivivi della neoscolastica decadente, ma un dato oggettivo che nasce dall'agire consapevole soggettivo, dalla volontà e dal deliberato consenso? E non si esordisca enunciando "ma tutti sono consapevoli che…", per poi citare appresso come una parola magica lanciata a sproposito il diritto naturale, pur non essendo in grado questi soggetti di definire neppure il concetto di natura, uomo e diritto. Le questioni morali sono molto più complesse e il diritto naturale è un terreno estremamente delicato e scivoloso, non è certo una raccolta di aride leggi del diritto tributario.

A chi si richiama in modo solenne al diritto naturale istituito e dato da Dio, basterebbe chiedere di chiarire e spiegare: come mai ciò che una volta era proibito in quanto male, in seguito è divenuto consentito e buono? Perché tutto ciò che è dato da Dio è stabile, fisso e inalterabile nel tempo. È veramente cosa dura giocare agli inflessibili rigoristi pur essendo nei concreti fatti dei modernisti a tutto tondo senza sapere neppure di esserlo!

Ci sono esseri umani convinti che il male sia bene. Esempio: tutti sappiamo quanto sia grave il peccato di aborto per le donne che lo praticano e per chi esegue quella richiesta di assassinio di un essere umano innocente e indifeso nel ventre della madre. Siamo dinanzi a un peccato mortale talmente grave che la Chiesa, sino a pochi anni fa, riservava la sua assoluzione al vescovo, o a un penitenziere anziano ed esperto da lui incaricato.

Eppure più volte, come confessore — e qui ricordo che il confessore chiamato ad amministrare la grazia e il perdono di Dio è giudice e medico — mi sono ritrovato dinanzi a casi nei quali non era possibile parlare di peccato mortale, perché nel momento in cui alcune donne praticarono l'aborto erano totalmente convinte di essere nel giusto e di agire per il bene della creatura e di sé stesse, consigliate e rassicurate in tal senso da genitori, familiari e medici. Solamente molti anni dopo acquisirono una diversa consapevolezza riguardo a ciò che avevano fatto, entrando in profonda crisi e avvertendo profondi e dolorosi sensi di colpa. Più volte, a queste donne ho dovuto spiegare che per quanto orrendo sia il delitto di aborto, nel momento in cui lo praticarono erano prive di tutti quei presupposti in base ai quali si può parlare di peccato mortale. Poi le ho aiutate a superare il loro angoscioso dolore derivante da consapevolezza acquisita spiegando che Dio non vuole i nostri sensi di colpa perché non è uno psicanalista e non sa che farsene, ma il nostro profondo e sincero pentimento, la conversione del nostro cuore.

Spiegando in dettaglio il tutto durante una pubblica catechesi, accadde una volta che si alzò in piedi una tal pinzochera appartenente alla diffusa categoria di quelle donne specializzate a rimbrottare i preti, che mi smentì a questo modo:

«Queste sono solo scuse, tutti sanno molto bene cosa sia un aborto, nessuno può dire di non sapere cosa insegna la Chiesa a tal proposito. Chiunque pratichi un aborto commette un grave peccato mortale, punto e basta, non ci sono scuse».

Detto questo, la pinzochera dottrinalmente infoiata aggiunse in tono severo:

«Come prete lei si dovrebbe vergognare a fare discorsi di questo genere inducendo in errore i fedeli».

Infine concluse:

«Legga il Vangelo e non dica più simili sciocchezze».

Risposi all'*infoiata dottrinale* gettandola sull'ironico:

«Legga anche lei le Sacre Scritture, specie là dove il Beato Apostolo ammonisce: "Come in tutte le comunità dei fedeli, le donne nelle assemblee tacciano perché non è loro permesso parlare" (I Cor 14, 34) "Non concedo a nessuna donna di insegnare, né di dettare legge all'uomo; piuttosto se ne stia in atteggiamento tranquillo" (I Tm 2, 12)».

Queste parole del Beato Apostolo vanno spiegate bene, perché non contengono alcuna misoginia. Egli si rivolge perlopiù alla comunità dei cristiani di Corinto, una società eminentemente matriarcale dove le donne comandavano in famiglia e spesso dettavano legge ai loro uomini. Abituate a questo modo, altrettanto pretendevano di fare con gli Apostoli. Da questo nascono certi moniti paolini, molto più attuali oggi di ieri, considerata la insolente aggressività di numerose donne negli ambiti ecclesiali.

Qualcuno pensa che gli indigeni delle tribù dei cannibali si cibassero di carne umana per satanica cattiveria? I tupinamba del Brasile, mangiando la carne del nemico ucciso si nutrivano della sua alterità, assimilando il suo valore e coraggio. Mangiare le sue carni era un atto duplice, sia religioso che di rispetto per la persona mangiata. Ovvio che il cannibalismo è una atrocità che i missionari cristiani cercarono di debellare, dopo avere lasciato molti santi martiri straziati sul terreno, salvo sentire qualche secolo dopo la Chiesa che per bocca dei Sommi Pontefici chiedeva perdono dando fiato alle trombe dei laicisti anti-cattolici che ci accusano di avere distrutto antiche culture indigene.

Cosa dire: che i laicisti anti-cattolici rimettano in piedi il cannibalismo e i sacrifici umani per recuperare le loro antiche e gloriose culture originarie, dall'America Latina sino al Canada e all'Australia, che dire: contenti loro contenti tutti.

Veniamo adesso al discorso degli errori dottrinari o delle stesse eresie. Da Gioacchino da Fiore, santo uomo di Dio, sino al più recente Antonio Rosmini, oggi Beato, è accaduto che anche santi e uomini di Dio cadessero inavvertitamente in pensieri eretici, dai quali poi si sono corretti, senza che questi pregiudicassero la loro santità. Dello stesso Gioacchino da Fiore, la cui eresia fu condannata dal IV Concilio Lateranense proprio mentre era in corso la sua causa di beatificazione, i Padri della Chiesa riuniti in quella assise conciliare, indicati e condannati gli errori contenuti in un suo famoso libello non mancarono di mettere chiaramente in luce la sua indubbia santità di vita. Altrettanto non possiamo dire del monaco agostiniano Martin Lutero, uno tra i più grandi e velenosi eretici dell'intera storia della Chiesa, la cui vita e azione prova senza possibilità di smentita che non era in buona fede, tanto meno un uomo di Dio, con buona pace del Pontefice Regnante che l'ha defi-

nito «riformatore» e «animato da buone intenzioni»[83]. Poco
dopo fece eco l'allora Segretario generale della Conferenza
Episcopale Italiana S.E. Mons. Nunzio Galantino, che giocando al rialzo rincarò la dose definendo Lutero «dono
dello Spirito Santo»[84], il tutto nell'aula magna della Pontificia Università Lateranense, non in una fumeria d'oppio
dopo avere esagerato oltre misura, perché in quel caso sarebbe stato più che giustificato dal fatto che l'assunzione
di stupefacenti inibisce l'uso della ragione e rende la persona drogata non responsabile dei suoi sproloqui.

In sostanza: il Sommo Pontefice ha fatto certe affermazioni parlando in modo colloquiale del più e del meno
in aereo ad alta quota, dove da sempre l'ossigenazione al
cervello lo porta a dare il meglio di sé, senza che ciò abbia
però alcun rango di alto magistero. Il secondo ha tirato in
ballo lo Spirito Santo in rapporto a Lutero semplicemente

---

[83] Cfr. Ariel S. Levi di Gualdo – Giovanni Cavalcoli: «Il Sommo Pontefice ad
alta quota: "Martin Lutero era intelligente". Certo, come lo era anche Jack lo
Squartatore», in *L'Isola di Patmos*, edizione del 23 ottobre 2017

    https://isoladipatmos.com/il-sommo-pontefice-ad-alta-quota-martin-
    lutero-era-intelligente-certo-come-lo-era-anche-jack-lo-squartatore/

[84] Nunzio Galantino: «I doni spirituali e teologici della Riforma», *Il sole 24 Ore*,
edizione del 28 ottobre 2017

    http://www.nunziogalantino.it/wp-content/uploads/2017/10/I-
    doni-spirituali-e-teologici-della-Riforma_testimonianze.pdf

Cfr. Ariel S. Levi di Gualdo – Giovanni Cavalcoli: «Dalla prua del Titanic
che cola a picco, giunge l'ultima sviolinata di Nunzio Galantino: "La riforma
di Lutero è stata un dono dello Spirito Santo"», in *L'Isola di Patmos*, edizione
del 24 ottobre 2017

    https://isoladipatmos.com/il-sommo-pontefice-ad-alta-quota-martin-
    lutero-era-intelligente-certo-come-lo-era-anche-jack-lo-squartatore/

Salvatore Izzo: «La riscoperta cattolica di Martin Lutero. La riforma è stata
opera dello Spirito Santo», *Agenzia Giornalistica Italiana*, 20 ottobre 2017

    https://www.agi.it/blog-italia/il-papa-pop/la_riscoperta_catto-
    lica_di_martin_lutero_la_riforma_stata_opera_dello_spirito_santo-
    2272997/post/2017-10-20/

perché è un ignorante con l'aggravio del cavalcare l'onda del momento mosso da un pensiero — se proprio non vogliamo dire ereticale — perlomeno non cattolico. E dal non-cattolico all'eterodosso il passo è breve, anche per un Segretario generale della Conferenza Episcopale Italiana[85], al quale sarebbe richiesta, di per sé, una prudenza del tutto particolare nel linguaggio e nelle pubbliche dichiarazioni.

IV. PROCLAMARE NUOVI DOGMI È PIÙ GRAVE CHE DE-COSTRUIRE I DOGMI DI FEDE. MARIA CORREDENTRICE? UNA IDIOZIA TEOLOGICA SOSTENUTA DA CHI IGNORA LE BASI DELLA CRISTOLOGIA.

È più grave mettere in discussione e de-costruire i dogmi della Santa Fede Cattolica, o più grave proclamare dei nuovi dogmi? Indubbiamente è più grave la seconda cosa, chi infatti sbagliando e seminando confusione tra il Popolo di Dio mette in discussione i dogmi attraverso la rilettura e la reinterpretazione, sino a giungere alla loro de-costruzione, non è detto sia animato da intenzioni maligne, perché il tutto può essere anche frutto di quella cattiva formazione teologica trasmessa ormai da oltre mezzo secolo a intere generazioni di presbiteri e teologi.

Ovviamente mi guardo bene dall'andare a chiedere oggi, a quell'ormai anziano gesuita al quale facevo cenno poc'anzi, rimasto a suo tempo allarmato da questo mio discorso sul rapporto tra *Humanae Vitae* e dogma, se al presente sarebbe disposto a mandare alcuni dei suoi più illustri confratelli a fare studi specialistici in morale, o forse meglio sui fondamenti del Catechismo della Chiesa Cattolica, a partire dal Preposito generale della Compagnia di Gesù Arturo Sosa Abascal per seguire con il Padre Antonio Spadaro direttore della Civiltà Cattolica.

[85] Cfr. *Supra.*

Trovo incredibile e tristemente divertente che per la *Humanae Vitae* mi sia sentito accusare nel corso del tempo di modernismo dai cosiddetti ultra-tradizionalisti e di tradizionalismo dai modernisti che oggi hanno fatto il loro golpe e poi rinchiuso Pietro come un *uccellino in gabbia* all'interno di questa vecchia Chiesa dinanzi alla quale il Pontefice Regnante dovrebbe meditare molto bene su queste parole, perché Cristo Dio le ha rivolte proprio a lui, pur parlando con Simone detto Pietro:

> «In verità, in verità ti dico: quando eri più giovane ti cingevi la veste da solo, e andavi dove volevi; ma quando sarai vecchio tenderai le tue mani, e un altro ti cingerà la veste e ti porterà dove tu non vuoi» (Gv 21,18).

Prima di procedere a disquisire sulle ragioni e le opportunità per le quali la *Humanae Vitae* andrebbe lasciata inalterata, mettendo semmai in luce la sua validità e per altri versi il suo aspetto profetico incentrato sul rispetto e la tutela della donna, vorrei ricorrere a un altro esempio avente per oggetto i cosiddetti Soliti Noti. Con la bolla dogmatica *Munificentissimus Deus* il Venerabile Pontefice Pio XII proclamò il 1° novembre 1950 il dogma dell'assunzione al cielo della Beata Vergine Maria, la cui festa solenne è celebrata il 15 agosto. Con l'occasione vorrei offrire una riflessione a tutti coloro che strepitano per la proclamazione del dogma di Maria corredentrice, partendo da una domanda: è più grave mettere in discussione e de-costruire i dogmi della Santa Fede Cattolica, o più grave proclamare dei nuovi dogmi? Indubbiamente è più grave la seconda cosa, chi infatti sbagliando e seminando confusione tra il Popolo di Dio mette in discussione i dogmi attraverso la rilettura e la reinterpretazione, sino a giungere alla loro de-costruzione, non è detto sia animato da intenzioni maligne, perché il tutto può essere anche frutto di quella cattiva formazione teologica trasmessa ormai da oltre mezzo secolo a intere generazioni di presbiteri e teologi. Molti sono i miei confratelli che usciti preti dai nostri disastrati seminari e abbeveratisi al meglio delle eterodossie insegnate direttamente dentro le università ecclesiastiche, sono realmente convinti che il male sia bene, che il vizio sia virtù, che l'eresia sia ortodossia e che l'ortodossia sia eresia. Non pochi, indotti a ragionare, sono giunti ad ammettere di avere ricevuto una pessima formazione teologica e una pessima formazione al sacerdozio, cercando con fatica e sacrificio di porre al tutto rimedio. Coloro che invece nulla di questo ammetterebbero mai, malgrado le loro inquietanti lacune, li stiamo vedendo diventare vescovi uno dietro l'altro.

Chi proclama dogmi che non esistono compie un errore maggiore, perché agisce ponendosi al di sopra dell'autorità stessa della Santa Chiesa *mater et magistra*, detentrice di un'autorità che le deriva da Cristo in persona. E quest'ultimo sì, che è un dogma della Fede Cattolica, al quale non si è giunti per logica deduzione, ma sulla base di chiare e precise parole pronunciate dal Verbo di Dio fatto Uomo (cfr. Mt 13, 16-20). E quando si proclamano dogmi che non esistono e non possono esistere, in quel caso siamo nel diabolico, perché entra in scena la superbia nella sua manifestazione peggiore: la superbia intellettuale. L'ho scritto è spiegato in precedenza ma merita ripeterlo nuovamente: nella cosiddetta scala dei peccati capitali il Catechismo della Chiesa Cattolica indica la superbia al primo posto, con penosa pace di quanti si ostinano a concentrare nella lussuria – che ricordiamo non figura affatto al primo posto, ma neppure al secondo, al terzo e al quarto – l'intero mistero del male, incuranti del fatto che i peggiori peccati vanno tutti quanti e di rigore dalla cintura a salire, non invece dalla cintura a scendere, come in tono ironico ma teologicamente molto serio scrissi alcuni anni fa.

Parto quindi con un concreto esempio che ha per oggetto i cosiddetti Soliti Noti, coloro che appena sentono il suono del magico *latinorum* perdono ogni senso della ragione e ogni genere di senso critico, col conseguente totale stravolgimento della realtà oggettiva. Ecco allora che S.E. Mons. Mario Oliveri, Vescovo emerito di Albenga, a loro difensivo dire non è stato rimosso dalla sua sede episcopale in quanto responsabile — in parte anche involontario —, per avere ridotta una diocesi a un autentico lupanare, a un centro di raccolta per omosessuali palesi sbattuti fuori per gravi problemi morali da uno o anche da più seminari, sino a ritrovarsi con un numero considerevole di preti incontrollabili dediti a ogni genere di vizio e a raggiri patrimoniali utili al mantenimento dei loro vizi. Nulla di tutto questo salta agli occhi dei Soliti Noti, che imperterriti e ostinati proseguono ad affermare e scrivere che il povero Presule è stato perseguitato dalla «Chiesa modernista» perché amava il *Vetus Ordo Missae*, usava mitrie gemmate alte settanta centimetri e distribuiva la Santa Comunione all'inginocchiatoio sotto il baldacchino sorretto dai cavalieri in *frac*.

Altrettanto è accaduto — affermano i Soliti Noti —, ai membri della Congregazione dei Frati Francescani dell'Immacolata, puniti a loro dire per avere organizzato convegni in critica a Karl Rahner, al Modernismo e alla Massoneria; ma perseguitati soprattutto perché celebravano anch'essi — manco a dirsi — col *Vetus Ordo Missae*.

Sulle colonne della nostra rivista *L'Isola di Patmos* l'accademico pontificio domenicano Giovanni Cavalcoli e io, in seguito il teologo cappuccino Ivano Liguori e il teologo domenicano Gabriele Giordano M. Scardocci abbiamo scritto nel corso degli anni su Karl Rahner, sul Modernismo e i Modernisti, sulla Massoneria e via dicendo, in toni molto critici e duri. Non ci siamo neppure limitati a sparare a raffica, abbiamo proprio esploso ripetuti colpi di mortaio pesante, con una severità assai superiore rispetto a quella usata nei passati convegni promossi dai Francescani dell'Immacolata. Dovreste pertanto domandarvi: perché non ci hanno ancora commissariati? Perché, pur avendo accusato duramente Karl Rahner indicandolo come la fonte di tutte le eresie di ritorno che invadono oggi la Chiesa, nessuna Autorità Ecclesiastica ci ha mai richiamati?

Quando alcuni anni fa discussi con uno tra i più insigni mariologi dei Frati Francescani dell'Immacolata, rimasi molto colpito dal suo fanatismo madonnolatrico, a seguire dalla sua superbia, perché egli dava già per proclamato il dogma di Maria Corredentrice. Di conseguenza, all'interno di quella Congregazione, il mai proclamato dogma di Maria Corredentrice era di fatto già iscritto nel *depositum fidei* con tanto di teologia e di culto promosso e diffuso. Il tutto nella completa indifferenza che tutti i Pontefici del Novecento, inclusi quelli particolarmente devoti alla Beata Vergine Maria, pure se supplicati più volte in tal senso non vollero mai prendere in considerazione la possibile proclamazione di questo nuovo dogma mariano. Tra costoro basti citare il Santo Pontefice Pio X, il Venerabile Pontefice Pio XII, il Santo Pontefice Paolo VI e il Santo Pontefice Giovanni Paolo II che l'emblema della Beata Vergine lo aveva voluto inciso sul proprio stemma pontificio, tanto era devoto alla *Mater Dei*, infine il Venerabile Pontefice Benedetto XVI, che in sua veste di teologo spiegò e chiarì con la timida mitezza — forse anche eccessiva — che lo ha sempre caratterizzato, che già il solo termine "corredentrice" creava problemi sul piano teologico con la cristologia.

Il Pontefice regnante — che timido e mite non lo è — si è espresso per tre volte su questo tema ribadendo un secco e deciso no[86]:

> «La Madonna non ha voluto togliere a Gesù alcun titolo; ha ricevuto il dono di essere Madre di Lui e il dovere di accompagnare noi come Madre, di essere nostra Madre. Non ha chiesto per sé di essere quasi-redentrice o di essere co-redentrice: no. Il Redentore è uno solo e questo titolo non si raddoppia»[87].

La reazione dei Soliti Noti più radicali non si è fatta attendere: hanno accusato il Sommo Pontefice di essere un blasfemo e un bestemmiatore (!?). A maggior ragione è bene chiarire: se porre in discussione il dogma della Immacolata Concezione e della Assunzione al cielo della Beata Vergine Maria è sbagliato ed eretico, per altro verso, promulgare il dogma di Maria Corredentrice e agire di conseguenza, sino a diffonderne in modo impudente la teologia, è cosa di gran lunga più grave.

Poi, se a fronte di queste e altre cose interviene a un certo punto la Santa Sede, inutile gridare «alla persecuzione del *Vetus Ordo Missae*!». Perché se vogliamo essere obbiettivi e applicare anzitutto criteri di *aequitas* unitamente al senso delle proporzioni, in modo del tutto ragionevole possiamo affermare che prima di calare la scure sui poveri Francescani dell'Immacolata andavano duramente colpiti i

---

[86] Cfr. 12 dicembre 2019 omelia alla Santa Messa nella festa della Madonna di Guadalupe; 30 aprile 2020, Santa Messa nella cappella della *Domus Sancthae Marthae*; 24 marzo 2021, nel discorso durante l'udienza generale.
[87] Cfr. Santa Messa nella cappella della *Domus Sancthae Marthae*, 30 aprile 2020.

Gesuiti e assieme a loro svariati altri ordini storici e congregazioni con problemi interni assai più gravi, ma soprattutto responsabili di diffondere da decenni in modo pericoloso — come nel caso dei Gesuiti —, un pensiero palesemente non cattolico. Cosa questa di cui non possono essere accusati i Francescani dell'Immacolata. Se infatti questi giovani e semplici *fratacchioni* allevati da Padre Stefano Maria Manelli hanno errato, dimenticando che non hanno alle spalle secoli di storia, che non hanno fatto neppure in tempo a formare una squadra di teologi e tanto meno una scuola teologica, ciò è avvenuto in gran parte per ignoranza, animati semmai dalle migliori intenzioni, ma con risultati di fatto decisamente fallimentari.

I Gesuiti e i membri di altre aggregazioni religiose che diffondono teologie distruttive, possono essere duramente criticati per il modo in cui de-costruiscono o aggiornano i dogmi di fede, ma i Francescani dell'Immacolata che hanno di fatto proclamato un dogma mariano dandolo per esistente e istituendo il culto a Maria Corredentrice, sul piano teologico hanno commesso un errore più grave, sostituendosi alla più alta e suprema Autorità della Chiesa.

E non si obbietti, come fanno i digiuni totali di teologia che presumono per questo di poter dissertare nelle più delicate sfere della dogmatica, che «… ma San Luigi Maria Grignion de Montfort nel suo *Trattato sulla vera devozione* ha scritto che … ma la Madonna di Amsterdam in una rivelazione privata a chiesto che … la tal mistica e la tal veggente hanno detto che in una rivelazione privata la Madonna gli ha chiesto che …».

Dunque la Beata Vergine Maria avrebbe chiesto ella stessa di essere proclamata corredentrice con un quinto dogma mariano?

Sorridiamo per non piangere su certe stupidaggini che rendono a volte taluni soggetti arroganti e difficilmente gestibili per noi preti e per noi teologi, proprio perché la loro arroganza va purtroppo di pari passo con la loro ignoranza.

Eppure la risposta è semplice: qualcuno è disposto a credere veramente che la Beata Vergine, colei che si è definita umile serva, la donna dell'amore donato, del silenzio e della riservatezza, colei che come finalità ha quella di guidare a Cristo, possa veramente domandare a dei veggenti o a dei visionari svalvolati di essere proclamata corredentrice e messa quasi al pari del Divino Redentore?

Il termine stesso di corredentrice è in sé e di per sé una solenne idiozia teologica che crea enormi conflitti con la cristologia e il mistero della redenzione operata unicamente da Dio Verbo incarnato, che non necessita di co-redentori e co-redentrici.

Il mistero della redenzione è un tutt'uno con il mistero della croce, sulla quale è morto come agnello immolato Dio fatto uomo.

Sulla croce non è morta inchiodata come agnello sacrificale la Beata Vergine Maria, che alla fine della sua vita si è addormentata ed è stata assunta in cielo, non è morta e risorta il terzo giorno sconfiggendo la morte. La Beata Vergine, prima creatura dell'intero creato al di sopra di tutti i Santi per sua immacolata purezza, non perdona i nostri peccati e non ci redime, intercede per la remissione dei nostri peccati e per la nostra redenzione. Quando ci rivolgiamo a lei attraverso la preghiera, sia nella *Ave Maria* che nel *Salve Regina*, da sempre, nell'intera storia e tradizione della Chiesa, la invochiamo dicendo «prega per noi peccatori», non le chiediamo di perdonare i nostri peccati né di salvarci.

Già questo dovrebbe bastare a chiudere un discorso del tutto improponibile sul piano teologico come quello di Maria corredentrice. Un'autentica idiozia teologica di cui possono nutrirsi soltanto gli ignoranti e gli arroganti ignari di che cosa sia la vera devozione alla Beata Vergine, ma soprattutto qual è il vero ruolo affidato da Dio alla *Piena di Grazia* nella economia della salvezza.

V. Donnaioli in cattedra tra moralismi, decadenza inarrestabile e ridicolo grottesco.

C'è un celebre aforisma attribuito a Karl Marx in cui il pensatore afferma che dopo la tragedia giunge poi la farsa, la frase è però un po' più articolata:

> «Hegel nota in un passo delle sue opere che tutti i grandi fatti e i grandi personaggi della storia universale si presentano, per così dire, due volte. Ha dimenticato però di aggiungere: la prima volta come tragedia, la seconda volta come farsa».

Sempre a causa di un pubblico dibattito sulla *Humanae Vitae* in passato fui indicato come un "elemento sospetto" da un certo Thomas Williams, presbitero della Congregazione dei Legionari di Cristo, professore ordinario di teologia morale e decano di teologia al Pontificio Ateneo Regina Apostolorum. Questo personaggio, che da diversi anni ha ormai abbandonato il sacerdozio, all'epoca, pur essendo già padre di un figlio messo al mondo in segreto con la figlia di Mrs. Mary Ann Glendon, già ambasciatore americano presso la Santa Sede (2008-2009)[88], era capace a

---

[88] Robert Moynihan: «Interview with Thomas Williams: His own story», in *The Vatican*, edizione del febbraio 2014

spiegare nel corso di un'intera ora di lezione quanto mortalissimo fosse il peccato della masturbazione di un adolescente. Questo specialista in *masturbologia* saltò letteralmente per aria quando gli ricordai che lui, nella sua veste di dottore in morale, dinanzi a certe problematiche legate all'età evolutiva era tenuto a mostrare la comprensione e la più ampia carità cristiana manifestata dalla Chiesa e dalla stessa impressa a chiare lettere nel Catechismo:

> «Al fine di formulare un equo giudizio sulla responsabilità morale dei soggetti e per orientare l'azione pastorale, si terrà conto dell'immaturità affettiva, della forza delle abitudini contratte, dello stato d'angoscia o degli altri fattori psichici o sociali che possono attenuare, se non addirittura ridurre al minimo, la colpevolezza morale» (n. 2352).

Nel 2012 Mr. Thomas Williams — che all'epoca dei suoi inflessibili discorsi morali era già segretamente padre e concubino — ha liberato la Chiesa dalla sua presenza e chiesto la dimissione dallo stato clericale, tuttavia i danni che lui e altri soggetti affini hanno recato alla vita di molti giovani religiosi e sacerdoti in formazione sono stati spesso irreparabili. A dolere è che la competente Autorità Ecclesiastica si sia guardata dal salvaguardare con azioni decise i molti giovani in formazione alla vita religiosa e i sacerdoti che si trovavano sotto le grinfie di questi dottori dell'antico Sinedrio. E questo, nel mio linguaggio teologico e morale, si chiama grave peccato di omissione, dinanzi al quale non

https://insidethevatican.com/magazine/editorial/dossier/interview-thomas-williams-story/

Sandro Magister: «Thomas Williams, il Legionario doppiamente padre», in *L'Espresso-Settimo Cielo*, edizione del 16 maggio 2012
http://magister.blogautore.espresso.repubblica.it/2012/05/16/thomas-williams-il-legionario-doppiamente-padre/

c'è diplomazia che regga, perché se un sacerdote appartenente a una rigorosa congregazione, nonché docente di teologia morale, si fotte la figlia dell'ambasciatore presso la Santa Sede e mette al mondo un figlio, il tacere non è consentito, costasse pure l'incidente diplomatico col governo di una super potenza. In caso contrario, chi non ha la grinta necessaria, richiesta in casi come questi, che cambi mestiere, perché né il Santo Vangelo né la Santa Chiesa di Dio fanno per lui.

Per non lasciare il discorso sospeso e non dare appiglio ai moralisti specializzati in *masturbologia* con annesse e connesse tutte le conseguenti fiamme dell'Inferno, non ho problema a chiarire: se un adolescente che non avesse ricevuta la grazia elargita a San Luigi Gonzaga, trovandosi in preda a tempeste ormonali non facilmente controllabili, per non dire incontrollabili, non ricorre alla masturbazione, è opportuno portarlo da un neurologo. Due sono infatti le soluzioni: o si tratta di un nuovo San Luigi Gonzaga, ma in tal caso siamo nell'ambito della grazia e della santità individuale che procede dai doni di grazia, o in quell'adolescente c'è qualche cosa di molto grave che non va. Per questo è opportuno portarlo da un bravo neurologo. Per inverso: se un maschio adulto giovane o peggio meno giovane, vive ed esprime la propria sessualità attraverso la masturbazione compulsiva, è opportuno indirizzarlo presso un bravo psichiatra, perché in quel caso c'è qualche cosa di molto grave che non va.

Affermare questo non vuol dire sdoganare la masturbazione, ma tenere conto di ciò che insegna il Catechismo.

Lascio comunque di buon grado certi cattolici gridare "allo scandalo!" con stile da far invidia alla pudibonda Inghilterra Vittoriana dell'Ottocento — che fu la stagione dei vizi privati e delle pubbliche virtù — e che già più volte mi hanno accusato d'aver «parlato di sessualità umana in modo sfacciato», anziché ricorrere a eufemismi *clerical ottocenteschi* nel modo in cui a loro dire si converrebbe a un presbitero che, sempre a loro dire, dinanzi alla parola sesso'' dovrebbe arrossire come una timida fanciulla alle prime mestruazioni.

Non ho memoria di alcun fedele cattolico che chiedendomi un parere nelle varie delicate sfere della morale sessuale abbia mai fatto uso di termini quali *cheiroerastia*, *fellatio*, *cunnilingus*, *irrumatio* e via dicendo. Cosa che ricordo spesso a tutti quei laiconi cattolici che non fanno i preti e che non dialogano in intima segretezza con i fedeli, però pretendono di insegnarci dalla corretta pastorale sino al giusto linguaggio, in questa stagione nella quale i ruoli sono totalmente stravolti e un esercito di laici cattolici apostolici romani impegnati e militanti incapaci a stare al loro posto.

Invece, riguardo a ciò che di serio e scientifico ho scritto poc'anzi su certe sfere della sessualità umana, attendo con gran trepidante una smentita mossa da rigore scientifico e teologico-morale da parte dei più autorevoli specialisti in bioetica. Specialisti ai quali ripeto la mia domanda: un adolescente che non sia San Luigi Gonzaga e che non fa ricorso alla masturbazione nella fase evolutiva, va o no portato dal neurologo per verificare se nella sua struttura psico-fisica tutto è a posto o se c'è qualche serio problema nella sua psicologia e nel suo sviluppo fisico e ormonale?

Pocanzi ho parlato dell'Ateneo dei Legionari di Cristo, ma questa domanda vorrei rivolgerla all'Università Campus Bio-Medico dell'Opus Dei di Roma, dove nel corso degli anni ho conosciuto soggetti che consideravano la masturbazione adolescenziale un disturbo da curare come una malattia. È vero che una volta si diceva che masturbandosi si diventava ciechi, ma non credo sia vero. Se lo fosse oggi le strade dovrebbero strabordare uomini che camminano con un bastone bianco e un pastore tedesco addestrato che porta addosso una fascia con la croce rossa.

Tutte logiche deduzioni alle quali difficilmente possono giungere i moralisti e i bioeticisti duri e puri che ingravidano le figlie degli ambasciatori e che conducono doppie vite parallele sotto le finestre della Segreteria di Stato di Sua Santità, i cui addetti per le relazioni con gli Stati, erano o no a conoscenza della situazione di questo personaggio che non esitava a minacciare le pene dell'Inferno a un adolescente che con gli ormoni fuori controllo s'era masturbato nel pieno dell'età evolutiva di passaggio?

Dinanzi a questi fatti vergognosi legati a una totale mancanza di senso morale da parte dei non pochi che hanno sempre colpito gli altri con un rigido moralismo che di fatto è profondamente anti-cristiano, risuona come un'orchestra sinfonica il monito del Santo Vangelo:

> «Legano infatti pesanti fardelli e li impongono sulle spalle della gente, ma loro non vogliono muoverli neppure con un dito» (Mt 23,4).

VI. In teologia c'è una differenza di non poco conto tra *pronunciamento definitorio* e *pronunciamento definitivo*

Che per la *Humanae Vitae* il Romano Pontefice non potesse certo ricorrere alla solenne formula dogmatica definitoria — rifiutando la quale si è *ipso facto* fuori dalla comunione della Chiesa, mentre discutendo o dissentendo su un pronunciamento definitivo che pure implica la infal-

167

libilità, non si è invece fuori dalla Comunione della Chiesa — era un problema molto chiaro anzitutto al suo Augusto estensore, il Santo Pontefice Paolo VI. Coloro che oggi pretendono di dogmatizzare la *Humanae Vitae* e di supportarla su elementi dogmatici definitori che di fatto non esistono, non solo rendono pessimo servizio a questa splendida enciclica, ma pongono in seria discussione le capacità teologiche e dottrinarie di chi l'ha scritta e donata alla Chiesa, mostrando di non saper neppure distinguere i gradi ben diversi che corrono tra un pronunciamento *definitorio* e un pronunciamento *definitivo*[89].

Se la disciplina che impone il divieto dell'uso dei metodi contraccettivi non si supporta sul dogma, può supportarsi su altri passi dei Santi Vangeli, a partire dal seguente:

«Entrate per la porta stretta, perché larga è la porta e spaziosa la via che conduce alla perdizione, e molti sono quelli che entrano per essa; quanto stretta invece è la porta e angusta la via che conduce alla vita, e quanto pochi sono quelli che la trovano!» (Mt 7, 13-14).

Partendo da questo brano evangelico andrebbe spiegato come mai oggi, più ancora di cinquant'anni fa quando nel 1968 fu promulgata, la *Humanae Vitae* racchiude al proprio interno un messaggio attuale, profetico e come tale da seguire. La chiave di lettura della *Humanae Vitae* non è lo spirito misogino o la cosiddetta ossessione della Chiesa Cattolica sul sesso e la sessualità umana, tutt'altro. La *Humanae Vitae* esalta ciò che è dato e fatto per amare. E ciò che è dato e fatto per amare non si sporca, come dissi una volta in un salotto privato a un porno-attore che si trovava

---

[89] N.d.A. Nel successivo capitolo è spiegato il significato teologico di *definitorio* e *definitivo*.

tra gli ospiti, replicando a certi suoi concetti strampalati improntati su una falsa idea di "libertà sessuale" che lui non liberava proprio niente, a partire dalla donna, trattata in qualsiasi film pornografico come un oggetto di piacere, spesso con tutto il disprezzo del caso. Perché la figura privilegiata e più di tutte attenzionata nella *Humanae Vitae* è proprio la donna, dispiace veramente che non l'abbiano capito negli anni Settanta del Novecento le femministe.

VII. SE ALL'UOMO DI OGGI VOGLIAMO SPIEGARE LA *HUMANAE VITAE* DOBBIAMO PORGLI DINANZI LE PROPRIE INCOERENZE.

Con l'uomo contemporaneo non più in grado di comprendere e recepire il lessico evangelico e dottrinario, è necessario esprimersi attraverso il suo stesso linguaggio, per esempio rapportando i contenuti profetici della *Humanae Vitae* con la società attuale in cui certi stili di vita, varianti dall'ecologismo al naturismo, dal vegetarianesimo sino alle forme di integralismo vegano, toccano un numero sempre più elevato di persone. Perché se vogliamo prendere la *Humanae Vitae* e narrarla all'uomo del XXI secolo, non possiamo farlo con le categorie astruse di certi maldestri filosofi metafisici, perché si rende anzitutto necessario farsi capire, battendo il martello sopra i suoi nuovi idoli e i suoi nuovi dèi, richiamandolo a ogni piè sospinto alla sua totale mancanza di coerenza e di equilibrio. Ecco perché sarebbe bene spiegare e chiedere come possano, persone che vantano uno stile di vita naturale e naturista, fatto di costosi prodotti bio-naturali, pronte a spendere somme assurde per quattro pillole omeopatiche pur di non prendere un antibiotico a loro dire dannoso e nocivo, assumere poi le pillole anticoncezionali? Anche perché un antibiotico a loro dire nocivo e dannoso, si prende una o più volte e solo in caso di necessità, mentre la pillola anticoncezionale va presa in modo metodico e continuativo, per anni e anni. E in quanto a far male, siamo sicuri che un uso così prolungato nel tempo della pillola anticoncezionale non faccia molto più male di un antibiotico preso in caso di necessità ma che tanto sconvolge il "credo" degli appartenenti alla nuova religione del naturismo e della *medicina alternativa*?

Come mai, molti specialisti e scienziati omettono di parlare pubblicamente che dagli anni Settanta del Novecento a seguire, quando le pillole anticoncezionali erano delle autentiche e potenti *bombe ormonali* — sia chiaro, non che oggi siano innocue! —, la struttura e la conformazione delle nuove generazioni di figli nati dal prolungato uso della pillola da parte delle loro madri è cambiata affatto in meglio, rispetto a quella dei figli nati da donne che la pillola non l'hanno mai usata? La struttura e la conformazione dei giovani nati dopo tre generazioni di assunzione della pillola, è simile a quella dei nati mezzo secolo fa quando la pillola non era in uso? In pubblico gli uomini di scienza non osano sospirare, ma nei ristretti circoli clinici aprono le cataratte su queste tematiche.

Chi temono di turbare con certi discorsi, forse l'enorme giro di affari delle multinazionali farmaceutiche che finanziano i loro centri di ricerca?

Per seguire appresso con quanti parlano di ecologismo, natura e naturalezza, pronti a spendere per un capo di abbigliamento dieci volte tanto purché non sia tessuto con innaturali fibre sintetiche potenzialmente nocive al corpo umano. Come possono costoro considerare naturale un preservativo di gomma messo sul membro virile del maschio durante un naturalissimo rapporto sessuale? È più nociva e innaturale una tuta da ginnastica fatta con tessuti sintetici o un preservativo che si frappone tra l'uomo e la donna durante la naturalezza dell'amore?

Questo è il linguaggio con il quale bisognerebbe rivolgersi all'uomo d'oggi, che avendo deciso di non credere più in Dio ha finito per credere a tutto.

Molti teologi che battono sul rileggere la *Humanae Vitae* e quelli che considerano la proibizione della contraccezione un dogma di fede, di questo testo profetico e lungimirante forse non hanno colto il senso profondo, pur essendo riassumibile in sintesi estrema con cinque parole: fate l'amore come Dio comanda. Perché l'insegnamento e il ministero della Chiesa pellegrina sulla terra non si regge, mai s'è retto e mai si reggerà sulla castrazione freudiana dell'uomo, ma sulla piena liberazione di un uomo chiamato da Dio a usare la propria sessualità per amare, sino a giungere al culmine dell'amore attraverso il dono della vita.

β

V

QUEI CATTOLICI DEPRESSI E DEPRIMENTI CHE RINCHIU-
DONO LA MORALE CATTOLICA DENTRO UN PRESERVATIVO.

Tempo fa accadde che alcune frasi estrapolate da miei scritti e discorsi precisi e articolati furono scisse dal loro contesto, per poi attribuirmi affermazioni eterodosse ed esponendomi al pubblico sprezzo. Il fautore fu l'immancabile laico cattolico con la faccia triste e l'*hobby* della teologia, auto-elettosi censore dei preti e dei teologi. Solitamente questi personaggi hanno seri problemi sul piano della affettività e delle capacità di relazione con gli altri, la loro visione della fede è sempre cupa e angosciosa. Per questo usano la morale cattolica nella delicata e complessa sfera della sessualità umana, per racchiudere dentro un preservativo la fonte e l'origine dell'intero mistero del male.

Parlando con un coetaneo mio confratello, oggi arcivescovo di una sede episcopale italiana, che a suo tempo fu ottimo specialista in morale cattolica, analizzando questa tipologia di soggetti — sempre più diffusa nell'ambito del laicato cattolico —, in tono ilare e addolorato ci dicemmo l'un con l'altro che quando sull'Antico Testamento leggono che Dio proibì ai nostri progenitori di cibarsi dei frutti dell'albero della conoscenza del bene e del male (cfr. Gen 2, 9-17), forse sono convinti che si trattasse di un albero di preservativi. Quindi Adamo ed Eva disubbidirono raccogliendo dall'albero un preservativo, ne fecero uso e commisero così il peccato originale.

Non è piacevole essere indicato come un avvelenatore di anime colpevole di avere scempiata la *Humanae Vitae* che sancisce la proibizione di ricorrere ai mezzi contraccettivi, a favore dei quali non mi sono mai espresso, perché non lo sono. Ciò che invece ritengo lecito è speculare sulla contraccezione in rapporto alla morale cattolica. Cosa che temo abbia confuso qualcuno che non sa leggere, o che preferisce imputarti ciò che non hai mai dichiarato.

Sulla *Humanae Vitae* ho pubblicato nel corso degli anni diversi articoli in cui tratto lo specifico tema, sempre procedendo a collocarla nel suo giusto contesto, contestualizzandola nel suo ambito storico-sociale ed ecclesiale.

In questa nostra stagione che marcia all'insegna del rimettere tutto in discussione, del rileggere, del reinterpretare e riscrivere, soprattutto del rivoluzionare, anche la *Humanae Vitae* doveva essere sottoposta a questo processo.

Rimasi quindi perplesso trovandomi accusato di avere affermato che la *Humanae Vitae* è un documento che racchiude una semplice disciplina ecclesiastica, eventualmente riformabile da un altro Sommo Pontefice, perché tutt'altri sono stati i miei discorsi e soprattutto le chiare spiegazioni date in modo articolato e preciso. Torno per ciò a ribadire quanto più volte affermato in passato:

«Il testo della *Humanae Vitae* è destinato a rimanere un discorso chiuso sul piano della disciplina, ma aperto su quello della speculazione teologica. Infatti, la proibizione dell'uso dei contraccettivi, per quanto sia espressione del sommo magistero supportata sul diritto naturale e sulla *traditio catholica*, non può essere, oggi e neppure domani, sorretta su elementi dogmatici tali da ricorrere *ex cathedra* a un *pronunciamento definitorio* del solenne magistero infallibile. Infatti, in tutta la letteratura vetero e novo testamentaria, non c'è un solo elemento di solido appoggio per tenere in piedi a livello dogmatico la disciplina che sancisce la proibizione dell'uso dei contraccettivi; che è una disciplina a mio teologico parere molto sapiente e opportuna, ma che non può essere dogmatizzata. E chi oggi la dogmatizza, mostra veramente di non sapere che cosa sia il dogma e cosa invece sia il supporto dogmatico che sorregge una disciplina ecclesiastica o canonica».

I. IL SIGNIFICATO DI *PRONUNCIAMENTO DEFINITORIO* E *PRONUNCIAMENTO DEFINITIVO*.

I dilettanti che pensano di poter entrare a gamba tesa nelle sfere più complesse e delicate della dogmatica, mostrano anzitutto di non avere neppure idea di che cosa sia sul piano logico, metafisico e teologico una espressione *definitoria* e una espressione *definitiva*. Non a caso il mio accusatore confuse l'una con l'altra, mostrando alla prova dei fatti scarsa dimestichezza con il linguaggio teologico, che in teologia dogmatica è di una precisione chirurgica. La teologia non è poesia né espressione emotiva, né sociologia. Se poi manca la corretta proprietà di linguaggio si finisce col rivelarsi ignari di un fatto non passibile di teologica smentita: riguardo la dottrina contenuta nella *Humanae Vitae* che vieta l'uso dei contraccettivi, la Chiesa non ha mai espresso un giudizio nella forma solenne della *definizione*, come quello del primo grado che ha per oggetto tutte quelle dottrine attinenti al campo dogmatico e morale necessarie per custodire ed esporre fedelmente il deposito della fede.

Questa disciplina morale sancita dal Santo Pontefice Paolo VI è da intendersi come una dottrina *proposta infallibilmente*. E con ciò è presto detto che nessun teologo, più o meno ferrato nelle materie dottrinarie e morali, dovrebbe mai confondere un pronunciamento legato alla infallibilità di cosiddetto "secondo grado", ossia *definitivo*, con la solenne definizione di cosiddetto "primo grado", vale a dire la proclamazione di un nuovo dogma della Fede Cattolica, detto appunto pronunciamento *definitorio*.

Questo è il grave errore nel quale rischiano di cadere certi rigoristi che di fatto sono dilettanti praticoni: inventare dogmi che non esistono, sino a giungere al punto di dogmatizzare un preservativo, dopo avere fatto una grande confusione tra *definitorio* e *definitivo*, semplicemente perché non conoscono neppure il lessico della teologia dogmatica.

Due dei nuovi "dogmi" proclamati con *formula definitoria* di questi tempi da certi soggetti affetti da rigorismo sessuofobico, sono il n. 84 della *Familiaris Consortio*, lungimirante esortazione apostolica post-sinodale del Santo Pontefice Giovanni Paolo II, a cui fa seguito il "dogma" del «no alla Santa Comunione ai divorziati risposati».

Ricordiamo ai dilettanti della teologia e della "morale dogmatica" che il dogma dell'infallibilità del Romano Pontefice sancisce che il Successore del Beato Apostolo Pietro non può sbagliare quando parla *ex cathedra* nella sua veste di supremo dottore e pastore universale della Chiesa. Il dogma della infallibilità può essere esercitato quando è definito un nuovo dogma o quando viene sancita in modo definitivo una dottrina come rivelata.

Ciò che ai dilettanti sfugge è che la storia della Chiesa trabocca di solenni pronunciamenti definitivi che sono stati modificati nel corso del tempo, anche in modo radicale, sino a rendere concesso ciò che sino a prima era definitivamente proibito.

Domanda: su quale passo della rivelazione e delle Sacre Scritture può sorreggersi in modo infallibile e per alcuni persino dogmatico, nonché definitivo e irriformabile il divieto dell'uso dei contraccettivi? A questo quesito qualcuno ha tentato di rispondere che «l'elemento dogmatico non è espresso nelle Sacre Scritture però è sancito dal diritto naturale». Peccato che alla mia domanda «cos'è il diritto naturale?» non abbiano saputo rispondere. Infatti, definire anzitutto la natura in sé e di per sé, è meno facile di quando possano credere quei soggetti che si dilettano a lanciarsi in modo maldestro su tematiche molto più grandi di loro.

La dottrina e la morale cattolica abbondano di discipline e norme che i credenti sono tenuti a osservare con scrupolo, senza che mai siano state solennemente definite, né dichiarate in modo definitorio irriformabili e meno che mai dogmatizzate. Allora perché, mi domando lecitamente, tutta questa gran brama a tratti ossessivo-compulsiva da parte di soggetti, perlopiù laici cattolici, di dogmatizzare un preservativo? Il loro modo di pensare rientra nelle competenze delle analisi teologiche o nelle competenze delle analisi strettamente psichiatriche?

II. IGNORARE CHE *UN PAPA BOLLA* E *UN PAPA SBOLLA* VUOL DIRE NON CONOSCERE LA STORIA DELLA CHIESA. IL PARADIGMA DEL RADICALE MUTAMENTO DELLA DISCIPLINA DEI SACRAMENTI.

L'accusa di eterodossia a me rivolta, con tanto di lettera di fuoco inviata al mio vescovo per reclamare severi provvedimenti disciplinari in quanto reo di distruggere il … «patrimonio morale dogmatico della Chiesa» (!?) si sorreggeva su questa mia affermazione:

> «Riguardo il divieto di ricorso alla contraccezione, domani un Pontefice potrebbe anche decidere di rivedere questa disciplina e modificarne la norma, parzialmente o anche totalmente».

Il mio vescovo, che mi ha sempre considerato un teologo rigoroso e ortodosso, lesse e rilesse quella lettera per cercare di capire in quale sospiro quella mia frase potesse essere fraintesa come espressione ereticale.

A quel punto il teologo dilettante mio accusatore incominciò a sciorinare documenti per dimostrare la "dogmatica irriformabilità" di certe discipline, dogmatizzando di fatto un preservativo. Così facendo mostrò anzitutto di non saper neppure leggere i documenti della Chiesa, né di comprendere sul piano storico ed ecclesiologico quel loro stile espressivo di linguaggio detto *formale* o *accidentale* o *sostanziale*. Quindi non solo gran confusione e non conoscenza per quanto riguarda *pronunciamenti definitori* e *pronunciamenti definitivi*, ma anche crassa ignoranza per quanto concerne l'elemento basilare filosofico e teologico di *sostanze, forme e accidenti*, tradotte per inciso in alta letteratura da Dante Alighieri nel Canto del Paradiso:

Sustanze e accidenti e lor costume
Quasi conflati insieme, per tal modo
Ciò ch'i dico è un semplice lume[90].

Tutto questo a riprova dei danni che possono produrre degli ignoranti che si costruiscono un allettante blog sulla rete telematica credendo di avere istituito la Commissione Teologica Internazionale e di presiederla, dedicando una delle sezioni al nuovo Tribunale dell'Inquisizione in materia di dottrina e di morale istituito su *web*. Se con l'avvento dei *social media* questi personaggi in cerca d'autore hanno trovato una portentosa valvola di sfogo e attacco polemico, dall'altra finiscono col seminare tra il Popolo di Dio — fin troppo confuso già di per sé — una confusione ulteriore come mai s'era vista prima.

[90] Dante Alighieri, *Divina Commedia: Paradiso*, XXIII, 90.

178

Smentire certe convinzioni tanto solide quanto errate non è difficile, possono bastare pochi esempi legati alla storia e alla evoluzione della parte più delicata in assoluto della dogmatica: la dogmatica sacramentaria. Procediamo come sempre con esempi concreti: per secoli la Confessione non è stato un Sacramento ripetibile ma poteva essere amministrato una sola volta nella vita e mai più. Ciò avveniva dopo un percorso penitenziale svolto sotto la guida del vescovo. Una volta ricevuto questo Sacramento il fedele non poteva peccare più, se non a suo rischio e pericolo, perché non avrebbe potuto riceverlo di nuovo. Per sette secoli l'assoluzione dai peccati fu considerato un Sacramento "non ripetibile". Per questo i cristiani cercavano di riceverla prima di morire, o comunque in età elevata. E molti morivano senza riceverla, o meglio i più.

Nei primi secoli di vita della Chiesa prende forma anche il complesso problema dei *lapsi*. Termine latino che alla lettera significa "scivolati", usato per indicare i cristiani che durante le persecuzioni del III e IV secolo bruciarono incensi agli dei pagani facendo atto di adorazione verso di essi. Non per convinzione, ma perché minacciati di morte, quindi solo per paura di morire.

Dinanzi al problema ecclesiale dei *lapsi* fu tenuta ferma la disciplina della irripetibilità della penitenza. Sulla riammissione dei *lapsi* alla Comunità dei credenti la Chiesa delle origini si trovò divisa tra la corrente di Cornelio, eletto Vescovo di Roma nel 251, propenso al perdono e al loro accoglimento e i seguaci del presbitero Novaziano, che negava loro qualsiasi forma di accoglienza e che finì poi scomunicato dal sinodo romano. Da lui nacque quella corrente conosciuta oggi come eresia novaziana, che per alcuni secoli seguitò a trovare adepti.

Memorabile la battaglia teologica condotta contro i novaziani da Ambrogio vescovo di Mediolanum, che sul finire del IV secolo compose il *De poenitentia*, opera suddivisa in due libri in cui è confutata: nel primo, le tesi dei seguaci di Novaziano che consideravano non perdonabili i peccati mortali e la necessità che si procedesse con un nuovo battesimo per i seguaci della loro setta eretica; nel secondo, una dotta dissertazione sul concetto di penitenza e del modo in cui deve essere amministrata. Il Vescovo Ambrogio confuta i novaziani ricordando loro che la misericordia di Dio offre a tutti i peccatori pentiti la sua grazia. Ribadisce il fondamento analogico tra battesimo e penitenza e infine riafferma in modo deciso l'irripetibilità di entrambi questi Sacramenti che generano una sostanziale trasformazione di vita in chiunque si penta per i peccati commessi e il male che con essi è stato arrecato ad altri.

Con la discesa dei barbari dal Nord dell'Europa — che poco dopo si convertirono in massa al Cristianesimo affascinati dalle grandi e virili figure di certi Vescovi e Padri della Chiesa —, si incominciò a ventilare l'ipotesi di rendere questo Sacramento ripetibile per far sì che il percorso di conversione e di vita cristiana fosse meno impossibile per questi popoli. Ipotesi dinanzi alla quale molti Padri della Chiesa e teologi dell'epoca gridarono all'eresia! Presumibilmente, uno di questi sarebbe stato lo stesso Ambrogio, che tre secoli prima ribadì la irripetibilità della penitenza nella sua celebre opera teologica poc'anzi citata.

Perché con i barbari convertiti nasce la necessità pastorale di rendere ripetibile il Sacramento? Perché al di là della loro buona volontà, le loro abitudini e costumi di vita erano quelli che erano. Insomma, dobbiamo essere grati ai barbari se questo Sacramento divenne ripetibile. Solo nel

VII secolo fu introdotta la pratica privata della Penitenza, cosa che dobbiamo ai monaci irlandesi vissuti ai tempi di San Colombano che fondò il monastero di Bobbio agli inizi del VII secolo e che concorse a ridare vita alla pratica di questo Sacramento mediante una dimensione privata improntata sulla espiazione dei peccati. Così questi monaci scesi dalle regioni del nord Europa in Italia portarono l'abitudine sacramentale del "confessare" a un presbitero i propri peccati per ricevere una penitenza, detta *penitenza tariffata*. E qui bisogna spiegare che per *penitenza tariffata* si intende la classificazione delle colpe cui corrispondevano le penitenze da imporre. Questo sistema introdotto nel VII secolo cominciò a essere praticato prima in ambito monastico, poi tra il popolo con successiva gran diffusione. Dobbiamo all'irlandese San Colombano e ai suoi monaci la ripetibilità di questo Sacramento, anziché la possibilità di riceverlo una sola volta nella vita e mai più. Sempre a lui dobbiamo anche la segretezza del percorso penitenziale al posto della dimensione pubblica alla quale per diversi secoli furono sottoposti i penitenti.

Nei duecento anni che seguirono tra l'VIII e il IX secolo i *Libri Penitenziali* ebbero una gran diffusione e applicazione. Le *tariffe* racchiuse al loro interno consistevano principalmente in digiuni imposti, che secondo la gravità della colpa commessa potevano durare talora giorni, altre volte anni. Disgrazia volle — perché tale di fatto fu —, che i *Libri Penitenziali* contenessero al loro interno delle *commutazioni* che permettevano al peccatore di commutare il proprio digiuno in opere espiatorie compiute da lui stesso o effettuate persino da terzi, il tutto in cambio di denaro, celebrazioni di Sante Messe, donazioni di terre, costruzione di chiese e monasteri nei casi di peccatori particolarmente ricchi. Si giunse poi a sfiorare il ridicolo, questo giusto per ricordare con un inciso che a un certo punto della storia, in quel di Certaldo, Giovanni Boccaccio nacque tutt'altro che per caso nel XIV secolo e che certe sue novelle sono tutto fuorché fantasiose invenzioni. Lascio allora intuire a chi legge, senza scendere in particolari inutili e vergognosi ma in ogni caso immaginabili, quali abusi originarono certe *commutazioni* e quanti "santi" monaci ottennero la edificazione di grandi monasteri vendendo nei concreti fatti la espiazione dei peccati, mentre certi sovrani e potenti feudatari sottoposti a dura penitenza giunsero a pagare un fedele servitore affinché facesse penitenza al posto loro (!?). Ci sarà pure un motivo, se diversi concili della Chiesa condannarono come turpe il peccato di simonia, il cui etimo nasce dalla vicenda di Simon Mago, che cercò di offrire del danaro agli Apostoli per ricevere i doni dello Spirito Santo mediante l'imposizione delle loro mani (At 8, 18-19).

Successivamente il Sacramento della penitenza conoscerà nuove evoluzioni e innovazioni tra il IX e il X secolo con i teologi carolingi che incominciano a incentrare l'attenzione dall'espiazione dei peccati all'accusa dei peccati, ritenendola il vero cuore dell'intero processo penitenziale. Anche in questo caso siamo dinanzi a un cambiamento sostanziale, proprio per quanto riguarda l'essenza stessa del Sacramento e la sua economia nel Mistero della Salvezza: senza il sincero pentimento non può esservi perdono e la penitenza espiativa può rischiare di essere fine a sé stessa. Sino a giungere al Concilio di Trento che nel 1563 fissa le norme della Confessione con un apposito decreto, strutturando la disciplina sacramentale e canonica di questo Sacramento come la conosciamo oggi. In epoca post-tridentina nacquero anche spazi e luoghi idonei per amministrare questo Sacramento, per esempio le penitenzierie all'interno delle grandi cattedrali e basiliche, quindi l'uso dei confessionali creati tra la fine del XVI e gli inizi del XVII secolo per garantire la riservatezza e la separazione tra il confessore e il penitente e favorire la confessione stessa. A nessuno rimarrebbe agevole, agli uomini e forse più ancora alle donne, accusare i propri peccati a un uomo che ti siede di fronte e che mentre parli ti guarda in faccia. Merita ricordare che i confessionali furono inventati dai Gesuiti, gli stessi che tra la fine degli anni Sessanta e gli anni Settanta del Novecento furono i primi a toglierli da molte delle loro chiese per metterli negli scantinati, o vendendoli agli antiquari, semmai per dare i soldi ai poveri, beninteso!

Da tutte queste note storiche si dovrebbe comprendere che il Sacramento della penitenza, come altri Sacramenti, ha subito nel corso del tempo delle mutazioni radicali. Se oggi si risvegliassero il Santo Pontefice Gregorio Magno, il Santo Vescovo Ambrogio e vari altri Santi Padri e dottori della Chiesa vissuti tra il I e il X secolo, vedendo le persone che ricevono l'assoluzione dai peccati ogni volta che ne hanno bisogno, urlerebbero all'eresia, perché per loro ciò era impensabile, ma non per una questione formale, ma proprio per il modo sostanziale in cui intendevano sul piano teologico questo Sacramento che non era né poteva in alcun caso essere ripetibile, ma amministrato una volta sola nella vita e mai più.

Capite bene che non stiamo a parlare di forma ma della sostanza stessa di un Sacramento di istituzione divina (cfr. Gv 20, 19-23) che ha subìto una trasformazione e una modifica radicale sul piano — ripeto — sostanziale, non meramente formale o accidentale, per non parlare di una conoscenza molto più approfondita della grazia sacramentale che secoli prima era quasi sconosciuta, rispetto al modo per così dire evoluto in cui oggi la intendiamo. A scanso di equivoci chiarisco ulteriormente: se la Chiesa stabilisce una formula di assoluzione sacramentale, poi, come accaduto più volte, per motivi di opportunità pastorale decide di modificarne il testo. Oppure, se la Chiesa stabilisce che la confessione deve essere amministrata d'obbligo in un dato modo, per esempio unicamente all'interno dei confessionali collocati dentro le Chiese, poi muta questa disposizione e stabilisce che può essere amministrata anche in altro luogo e fuori dai confessionali. Se la Chiesa prima stabilisce che l'assoluzione del peccato di aborto o di aborto procurato è riservata per la particolare gravità del delitto al vescovo, poi in seguito stabilisce che qualsiasi presbitero confessore può concedere l'assoluzione, tutte queste sono questioni formali o accidentali, non certo sostanziali. Però, se la Chiesa, prima dichiara con tanto di ricorso a minacce di *anathema sit* che questo Sacramento implica di per sé la irripetibilità per sua sostanziale natura trascendentale e mistagogica, considerando eretica l'idea di coloro che ne proposero la ripetibilità, capite bene che non siamo di fronte a un cambiamento puramente formale o accidentale, o qualcuno forse lo dubita? Chi lo dubitasse dovrebbe rispondere a questo quesito: i Romani Pontefici, incluso il Santo Pontefice Gregorio Magno, Santi dottori della Chiesa come il Vescovo Ambrogio e interi Collegi di Vescovi, nel dichiarare e ribadire per secoli la irripetibilità di questo Sacramento si sono clamorosamente sbagliati nell'esercizio del loro più alto magistero indefettibile e infallibile, a partire dal Sommo Magistero Pontificio?

A questa domanda è necessario aggiungerne un'altra: il concetto di indefettibilità e infallibilità del magistero della

Chiesa, nasce solo dopo la proclamazione del dogma sulla infallibilità pontificia definito dal Beato Pontefice Pio IX nel luglio del 1870[91], oppure anche prima il magistero della Chiesa era infallibile e indefettibile in materia di dottrina, di fede e di morale?

Da povero studioso di dogmatica sacramentaria e di storia del dogma, capite bene qual genere di orticaria possa assalirmi nel sentire dei teologi più o meno dilettanti che con incredibile *nonchalance* considerano "alta espressione dogmatica" la disciplina morale contenente la norma sulla proibizione dell'uso degli anticoncezionali e che la ritengono intangibile e immutabile nei secoli dei secoli in quanto irriformabile magistero infallibile. Il tutto dopo che la Chiesa ha mutato ripetutamente e in modo radicale la disciplina dei Sacramenti, che almeno per me è di gran lunga superiore e più importante di una norma che proibisce l'uso dei contraccettivi, posto che la Chiesa si fonda sui dogmi cristologici e sulla Santissima Eucaristia e non certo sulla proibizione dell'uso dei preservativi.

Per smentire le mie spiegazioni, un giorno un Tale mi esibì una risposta data da un presbitero dell'Ordine dei Predicatori, che da anni svolge un prezioso e lodevole apostolato catechetico sui *social media* e che rispondeva in questi termini al quesito sui contraccettivi:

«Tutto l'insegnamento va accolto in spirito di fede e con obbedienza. Ma nelle pene da comminarsi a chi non lo accetta, esse vanno diversificate a seconda che l'insegnamento sia *definitorio* (qui uno è eretico in maniera esplicita ed è automaticamente scomunicato) o *definitivo* (è in errore, ma non può essere considerato eretico).

[91] Beato Pontefice Pio IX, Costituzione Apostolica *Pastor Aeternus*. Roma, 18 luglio 1870.

Tanti pronunciamenti di carattere definitivo sono infallibili e irriformabili, come ad esempio quello relativo alla contraccezione. E il Magistero potrebbe anche proporli con insegnamento definitorio. Ma non lo fa per un motivo pastorale o prudenziale, perché se uno non li accettasse o avesse dei dubbi, automaticamente sarebbe scomunicato e messo fuori della Chiesa. Questi pronunciamenti, soprattutto di carattere morale, la Chiesa li lascia con carattere non definitorio o definitivo, perché, nel caso uno avesse dei dubbi o addirittura non li accettasse, abbia il tempo di ripensarci e cambiare idea. Se invece venisse subito messo fuori della Chiesa, verrebbe esposto a nutrire risentimenti e sarebbe privato di tutti quei nutrimenti che possono portarlo poco per volta a cambiare pensiero».

Lessi, sorrisi e risposi che durante il Concilio di Nicea dell'anno 325, i Padri definirono il dogma della consustanzialità del Figlio con il Padre: «Generato non creato». Perché Cristo, in quanto Dio e seconda Persona trinitaria, non è creatura creata ma appunto generato «della stessa sostanza del Padre», ossia identico quanto alla sostanza e alla natura di Dio Padre. Dal momento che però, in quella stagione, la Chiesa dei primi secoli era scossa dall'eresia di Ario — eresia ariana — il quale sosteneva che il Figlio non può essere considerato come il Padre poiché non esiste dall'eternità, ma è stato creato come tutti gli altri esseri. Ebbene non si capisce perché la Chiesa, anziché ricorrere alla solenne definizione, non abbia espresso il tutto in modo definitivo, perché in quel caso, se gli ariani non avessero accettato la definizione e avessero seguitato ad avere dei dubbi, potevano avere il tempo di ripensarci e cambiare idea, anziché essere messi fuori dalla Chiesa come eretici impedendo loro di cambiare pensiero a poco a poco.

Insomma: a Nicea i Padri non usarono la dovuta prudenza pastorale con gli ariani, stando alla risposta originale data da questo fanta-moralista che, ripeto, svolge da anni una lodevole e preziosa opera di catechesi sui *social media*.

Proseguiamo con un altro esempio: per molti secoli la Santa Comunione frequente non era semplicemente sconsigliata, ma proprio proibita dalla Chiesa, dal suo magistero e dalle norme date e impresse nella disciplina dei Sacramenti. Il Santo dottore della Chiesa Agostino vescovo d'Ippona ne ipotizzò la necessità spirituale della ricezione frequente, ma senza esito alcuno. A religiose e religiosi che vivevano in monasteri di vita contemplativa era concesso come vero e proprio privilegio di ricevere la Santissima Eucaristia una volta alla settimana e non di più. Certe antiche consuetudini sopravvivono tutt'oggi in diverse leggi della Chiesa che raccomanda come precetto stabilito dal IV Concilio Lateranense di confessarsi almeno una volta all'anno, quindi di comunicarsi, sempre almeno una volta all'anno, per la Santa Pasqua[92].

Anche in questo caso cerchiamo di chiarire che non stiamo a parlare di mere forme, per esempio che la Santa Comunione può essere ricevuta non solo e non più in ginocchio ma anche in piedi, bensì di norme e di discipline che toccano gli elementi più profondi della Santissima Eucaristia. Il fatto che la Eucaristia potesse essere ricevuta raramente e non di frequente era precisa e rigida disciplina e norma della Chiesa. Eppure è stata modificata anch'essa in modo a tal punto radicale che oggi la Santa Comunione frequente è persino raccomandata, mentre per secoli è stata tassativamente proibita. Presto detto: se la Chiesa dà una norma e per secoli la mette in pratica, poi a un certo punto

---

[92] Catechismo della Chiesa Cattolica nn. 2041-2042.

la modifica e dà una norma esattamente opposta alla precedente rendendo lecito e persino raccomandato ciò che sino a prima era illecito e proibito, qualcuno pensa veramente di poter risolvere la questione riparandosi dietro al risibile dito delle diverse e nuove esigenze pastorali? Perché se qualcuno pensasse di rispondere a questo modo, sappia in tal caso che corre il serio rischio di offendere molte intelligenze e altrettante menti pensanti, facendo lui la figura dello stupido, non la farebbero affatto i soggetti e gli studiosi intelligenti che tenta di trattare da stupidi.

Con un canone impresso nei suoi atti solenni, sempre nel 1215, il IV Concilio Lateranense stabilì la proibizione della fondazione di nuovi ordini religiosi. Ebbene riflettiamo: ci rendiamo conto che cosa è, a livello teologico ed ecclesiologico, l'autorità di un concilio ecumenico? Eppure, poco dopo, alla fine del 1216, il Sommo Pontefice Onorio III approvava la fondazione dell'Ordine dei Frati Predicatori di San Domingo di Guzmàn, che in ottemperanza a quanto disposto dal Concilio Lateranense, adottarono inizialmente la regola già esistente dei Frati Agostiniani. Anni dopo, con la bolla *Solet annuere* del 1223, il Sommo Pontefice Onorio III approvava la Regola dei compagni di San Francesco d'Assisi, senza che questi, come avvenuto inizialmente per i Domenicani, dovessero adottare una regola già esistente, perché sembra che in precedenza, attorno al 1210, il suo Sommo Predecessore Innocenzo III avesse approvata oralmente la regola, di cui però non esiste alcuna traccia, perché è andata perduta, ma guarda caso! La narrazione della visita fatta dal Serafico Padre Francesco al Sommo Pontefice che, decorsi tre mesi di attesa, lo ricevette dopo avere sognato la notte prima un poverello che sorreggeva la chiesa in rovina di San Giovanni in Laterano

— altri parlano invece di una visione avuta dal Sommo
Pontefice — e che approvò oralmente la prima regola, è un
fatto racchiuso nella leggenda aurea narrata da San Bona-
ventura di Bagnoregio, non è propriamente un fatto storicamente documentato, anzi a essere sinceri non è proprio
documentato per niente. È invece documentato storicamente che Santa Chiara, che in seguito fondò il ramo fem-
minile francescano, dovette invece adottare una regola già
esistente, prendendo quella delle Monache Benedettine.
Il canone XIII del IV Concilio Lateranense aveva infatti
solennemente sancito:

«Perché l'eccessiva varietà degli ordini religiosi non sia causa di gravi confusioni nella Santa Chiesa di Dio, Noi proi-
biamo in modo rigoroso che in futuro si fondino nuovi ordini. Chi quindi volesse abbracciare una forma religiosa di
vita, scelga una di quelle già approvate. Ugualmente chi volesse fondare una nuova casa religiosa faccia sua la regola e
le istituzioni degli ordini religiosi già approvati».

Domanda: com'è stato possibile che il canone di un
concilio ecumenico convocato e presieduto dal Sommo
Pontefice Innocenzo III sia stato in tal modo disatteso par-
zialmente con alcuni *escamotage* a partire dal suo Sommo
Successore Onorio III? Soprattutto com'è possibile che in
seguito sia stato proprio disatteso totalmente e a seguire
cancellato dai successivi pontefici, che permisero sia la fondazione di nuovi ordini sia l'approvazione di nuove regole
specifiche?

Quando il Santo Pontefice Pio V pubblicò il messale, lo definì intangibile e irriformabile. Nella bolla con la
quale promulgò quel Messale scrisse:

«Decretiamo e comandiamo, sotto pena della Nostra apostolica indignazione, che a questo Nostro Messale, recentemente pubblicato, nulla mai possa essere aggiunto, tolto o cambiato. Dunque, ordiniamo a tutti e singoli i Patriarchi e Amministratori delle suddette Chiese, e a tutti gli ecclesiastici, rivestiti di qualsiasi dignità, grado e preminenza, non esclusi i Cardinali di Santa Romana Chiesa, facendone loro severo obbligo in virtù di santa obbedienza, di abbandonare del tutto e rigettare tutti gli altri ordinamenti e riti, senza alcuna eccezione, contenuti negli altri Messali, per quanto antichi essi siano e finora usati, cantando e leggendo la Messa secondo il rito, la forma e la norma che Noi abbiamo prescritto nel presente Messale. Non abbiano pertanto l'audacia di aggiungere altre cerimonie o recitare altre preghiere che quelle contenute in questo»[93].

Il primo che vi mise mano fu il suo Sommo Successore Clemente VIII appena trent'anni dopo, modificando sostanzialmente numerose rubriche e mutando in modo anche radicale la gestualità del celebrante durante la Preghiera Eucaristica. A seguire, quel Messale intangibile e irriformabile nei secoli dei secoli subì in totale 18 modifiche. Nel Novecento vi misero mano il Santo Pontefice Pio X, poi il Venerabile Pontefice Pio XII che riformò tutti i riti della Settimana Santa e il rituale delle consacrazioni degli episcopi e dei presbiteri, il Santo Pontefice Giovanni XXIII nel 1962 e infine il Santo Pontefice Paolo VI che intervenne con una riforma liturgica a tal punto radicale che quel Messale intangibile e irriformabile nei secoli dei secoli finì riposto negli scaffali delle biblioteche liturgiche.

---

[93] S.S. Pio, V *Bolla Quo Primum Tempore,* data il 14 luglio 1570 con la promulgazione del nuovo Messale Romano.

Ma d'altronde si trattava solo della celebrazione del Sacrificio Eucaristico, cosa del tutto secondaria, rispetto a ciò che può essere una primaria *verità di fede definitoria* come la proibizione dell'uso dei contraccettivi, o no?

Da tempi immemorabili è nota nell'ambito ecclesiale ed ecclesiastico una frase, le cui prime tracce storiche le ritroviamo in epoche davvero molto lontane, nell'XI secolo, ai tempi di certe accese dispute di San Pier Damiani in tema di morale: «Un Papa bolla e un altro Papa sbolla». Cosa s'intende dire con una simile espressione? Una cosa è certa: ciò non significa che il Beato Pontefice Pio IX bollasse il dogma della immacolata concezione e che il suo Sommo Successore Leone XIII lo potesse sbollare, perché si tratta di solenni definizioni dogmatiche sulle verità della fede. Però, tutto ciò che non è strettamente legato alle definizioni dogmatiche è sempre stato bollato e sbollato, anche se chi aveva bollato usò termini solenni sulla irriformabilità nei secoli dei secoli con tanto di *anathema sit!* Tutto questo è dimostrato e documentato dalla storia della Chiesa senza pena di smentita. A riprova che senza una profonda conoscenza storica non si può giocare né con la dogmatica né con la teologia sacramentaria. Molti di quegli elementi che nei primi Concili dogmatici della Chiesa erano bollati con *anathema sit,* successivamente sono divenute dottrine della Chiesa, sino al loro pieno sviluppo nel Concilio di Trento prima, nel Concilio Vaticano II a seguire.

III. Il Santo Pontefice Paolo VI era il primo consapevole che per la *Humanae Vitae* non era possibile ricorrere al solenne magistero infallibile.

Che per la *Humanae Vitae* non si potesse ricorrere alla solenne formula dogmatica definitoria era un problema molto chiaro anzitutto al suo Augusto estensore. Detto questo torno a ribadire che rifiutando una formula dogmatica definitoria si è *ipso facto* fuori dalla comunione della Chiesa, perché l'assenso e l'ossequio che a essa il fedele è obbligato a tenere si fonda direttamente nell'autorità della Parola di Dio, o come si dice in linguaggio teologico: dottrine *de fide credenda*. Mentre invece, discutendo o persino dissentendo su un pronunciamento definitivo che pure implica l'esercizio del ministero infallibile, non si è fuori dalla Comunione della Chiesa mediante palese eresia, ma semplicemente in errore, perché le *verità definitive* si fondano sulla nostra fede nell'assistenza dello Spirito Santo al magistero e sulla dottrina cattolica dell'infallibilità del magistero, o come si dice in linguaggio teologico: dottrine *de fide tenenda*. Per quanto riguarda tutto l'altro resto, la storia della Chiesa dimostra senza possibile smentita in che modo «un Papa bolla e un Papa sbolla».

Il Pontificio Consiglio della Famiglia emanò il 12 febbraio 1997 un *Vademecum* per i confessori all'interno del quale si chiarisce:

> «La Chiesa ha sempre insegnato l'intrinseca malizia della contraccezione, cioè di ogni atto coniugale intenzionalmente infecondo. Questo insegnamento è da ritenere come dottrina definitiva e irriformabile».

Come sacerdote e confessore mi sono sempre attenuto con scrupolo a questa dottrina. Come mente speculativa non posso invece omettere di dire, come del resto ho fatto, che anche la confessione non ripetibile era una dottrina definitiva irriformabile, allo stesso modo in cui un concilio impresse in un canone che non era possibile fondare nuovi ordini religiosi, salvo permettere nei secoli a seguire la nascita di altri ordini e di centinaia di congregazioni religiose. Anche il Messale di San Pio V promulgato nel 1570 era irriformabile con tanto di «*anathema sit!*». E irriformabile lo fu a tal punto che a partire dagli inizi del 1600 fino al 1962 è stato revisionato e corretto per la bellezza di diciotto volte, sino a giungere alla riforma liturgica delineata dalla *Sacrosanctum Concilum* che quel Venerabile Messale irriformabile nei secoli dei secoli lo fece letteralmente in pezzi attraverso il braccio armato di Annibale Bugnini e dei suoi collaboratori, infine promulgato con l'approvazione e la firma del Santo Pontefice Paolo VI.

Non è che certi soggetti ritengono definitive e irriformabili solo le dottrine legate alle sessualità umana, dopo avere consentito di riformare radicalmente dottrine legate alla disciplina dei Sacramenti date a suo tempo come definitive e irriformabili, sino a rendere buono e consentito ciò che per secoli è stato considerato male e proibito?

IV. LA CHIESA HA INFALLIBILMENTE CANONIZZATO CON FORMULA DEFINITIVA DEI SANTI CHE NON SONO MAI ESISTITI.

I teologi dogmatici e gli storici del dogma non sono tutti concordi sul fatto che la canonizzazione dei beati proclamati Santi implica l'esercizio del magistero infallibile. Personalmente sono tra quelli che ritengono non implichi l'esercizio del magistero infallibile, perché proclamare solennemente Santo un Beato nulla aggiunge al deposito della fede né concorre a supportarlo. La gran parte delle correnti teologiche ritengono invece che la canonizzazione implica l'esercizio del magistero infallibile attraverso solenne pronunciamento definitivo. Ebbene vi informo che nel corso della storia sono stati proclamati infallibilmente dei Santi che non sono mai esistiti. Altrettanto infallibilmente hanno proclamato Santi che erano solo dei duplicati di altri Santi ai quali era stato cambiato nome e luogo di nascita. Per non scandalizzare i semplici sorvolo sui Santi fatti sparire dalla memoria nel corso dei secoli perché tutto erano fuorché santi modelli di eroiche virtù.

Certi problemi come sono stati risolti? Alla chetichella clericale. Il Sommo Pontefice Paolo VI mise mano nel 1969 alla riforma del Calendario Liturgico dal quale furono cancellati più di 30 Santi di cui non esistevano prove della loro esistenza storica, la riduzione a culto locale di altri 33 e a culto facoltativo di altri 95[94]. Dal Calendario della Chiesa furono così cancellati tutti i Santi per i quali gli studiosi nutrivano dubbi circa la loro esistenza storica.

Non è forse singolare questo uso disinvolto della infallibilità e dei solenni pronunciamenti definitivi? Perché a rigore logico, se la Chiesa proclama solennemente un Santo che non esiste con tanto di pronunciamento definitivo, quel Santo dovrebbe esistere persino se non è mai esistito. È proprio una questione di infallibilità, di pronunciamento definitivo. Non si risolve il problema cancellando certi Santi dal Calendario, piuttosto bisognerebbe chiedersi: chi è che con infallibile pronunciamento definitivo iscrisse sul calendario dei Santi che non sono mai esistiti?

Affermare cose di questo genere non vuol dire essere pericolosi cripto eretici o traviatori di anime, ma dire semplicemente ciò che è storicamente, teologicamente ed ecclesialmente vero. Com'è vero che se la *Humanae Vitae*, anziché della sessualità umana avesse trattato delle scienze bibliche o della dottrina sociale della Chiesa, certe polemiche inscenate da eserciti di soggetti sessuofobici che reputano

---

[94] S.S. Paolo VI, *Motu proprio Paschalis mysteri*, 14 febbraio 1969.

il sesso e solo il sesso l'origine e il centro dell'intero mistero del male, non sarebbero mai state scatenate.

V. Gesù Cristo dice di pagare i tributi allo Stato, non proibisce però l'uso dei preservativi che già all'epoca esistevano ed erano usati.

Pagare le dovute tasse è un imperativo dato da Cristo Dio in persona (cfr. Mt 22, 21). Cristo stesso pagò la tassa al Tempio, reputandola legittima e doverosa. A tal proposito incaricò Pietro di versarla «per te e per me» (cfr. Mt 17, 22-27). Quindi è un imperativo fondato direttamente sulla autorità della Parola di Dio, o come si dice in linguaggio teologico: dottrine *de fide credenda*. Come mai non si è ancora proceduto con un solenne pronunciamento definitorio del più alto magistero infallibile a dichiarare il pagamento delle tasse un dogma di fede? Sempre parlando e procedendo per speculazioni tutt'altro che peregrine.

La *Humanae Vitae* è stata donata da un Santo Pontefice perfettamente consapevole di non poter "blindare" con la solenne formula dogmatica la proibizione dell'uso dei contraccettivi. Basterebbe conoscerne la storia. A maggioranza i membri dell'episcopato e gli esperti teologi erano favorevoli a un uso moderato della contraccezione. Tra i favorevoli c'era anche l'allora Vescovo di Vittorio Veneto Albino Luciani, divenuto poi Patriarca di Venezia e in seguito successore di Paolo VI con il nome di Giovanni Paolo I. Finite le discussioni e promulgata l'enciclica il Vescovo Albino Luciani convocò il suo clero diocesano e disse ai suoi presbiteri riuniti in assemblea:

«Molti di voi sanno, come io la pensavo. Adesso il Sommo Pontefice ha emanata una enciclica e ci ha data una dottrina e una disciplina alla quale tutti noi dobbiamo prestare devoto ossequio e diffonderne l'insegnamento tra i fedeli cattolici».

In questa frase è racchiusa la differenza che corre tra un uomo di Dio e un bigotto che investe il mondo intero a suon di ... «Non se ne discute, eretico!». Invece no, perché su certe discipline nate da *pronunciamenti definitivi* si può discutere eccome, vista la fine che si è fatta fare nel corso della storia a decine e decine di solenni pronunciamenti definitivi. Quello che invece non si può e che mai si deve fare è di rigettare e non applicare certe discipline date in forma definitiva, questo non si può fare, mai e in alcun caso.

Anni fa, proprio interloquendo in modo provocatorio con degli ossessionati sulla sessualità umana, che consideravano e che presentavano come dogma definitorio intangibile della fede la proibizione della contraccezione, ricordai che i preservativi non furono inventati e immessi nel commercio a inizi anni Settanta del Novecento, erano già usati da egizi e greci, molto abili nel produrli con vesciche animali molto sottili. In alcuni postriboli dell'antica Roma erano persino obbligatori. Eppure Gesù Cristo, che di ciò era sicuramente a conoscenza, nella sua predicazione pubblica non fece mai riferimento a ciò, né mai lanciò alcun divieto imperativo. Al contrario disse invece in modo chiaro e preciso che era doveroso pagare le tasse a Cesare. Quindi Gesù Cristo si è espresso a tal proposito in modo per così dire *definitorio*. Però non mi risulta che il pagamento delle tasse — che è un dovere e un obbligo al quale adempiere — sia stato solennemente definito come dogma della fede, anche se a tal proposito Gesù Cristo fu chiaro e dette l'esempio lui stesso pagando le tasse dovute.

A questo aggiunsi altro: due coniugi cattolici che contravvenendo alle disposizioni della Chiesa usano i contraccettivi dentro la loro chiusa camera, alla collettività intera, recano forse i gravi danni che le può invece recare l'esercito di evasori fiscali? Perché chi non paga le tasse, non solo deruba l'intera collettività e obbliga lo Stato ad aumentare il gettito fiscale su quelli che le pagano e che non le possono evadere, essendo lavoratori a stipendio fisso o pensionati, ma evadendo il fisco fanno mancare i soldi necessari che nel nostro sistema servono per garantire a tutti l'istruzione e l'assistenza sanitaria gratuita, per pagare le pensioni agli anziani che per una vita hanno lavorato e versato contributi e via dicendo a seguire.

La mia modesta esperienza di persona che studia e che si dedica alla ricerca incessante nell'ambito delle scienze filosofiche, storiche e teologiche, è sempre stata accompagnata dall'esercizio del sacro ministero sacerdotale, in particolare come confessore e direttore spirituale, in un rapporto reale e incessante con i *Christi fideles* e lo stretto contatto con le vite umane e le loro storie spesso molto complesse. Questo mio vivere da sempre la teologia calata nel mondo del reale mi ha portato a toccare con mano un elemento tanto drammatico quanto pernicioso: quei sedicenti cattolici, teologi praticoni più o meno improvvisati che si accaniscono sul sesso e la sessualità umana degli altri, come s'essa fosse il centro dell'intero mistero del male, spesso sono degli infelici che nel corso delle loro esistenze non sono mai riusciti a sviluppare una serena ed equilibrata dimensione affettiva e sessuale. Spesso, se non di prassi, dietro queste figure si celano grandi frustrazioni e insoddisfazioni sfogate attraverso una morale disumana, ma soprattutto non cristiana e non cattolica.

A tutti i quesiti sollevati nel tempo, frutto di speculazioni tutt'altro che passibili di censura canonica, le facce tristi e i teologi dilettanti non hanno mai risposto, si sono limitati a ribattere facendo disonesti taglia e cuci su mie parole o estrapolando frasi al di fuori del loro preciso contesto, sino ad accusarmi pubblicamente di essere contro la *Humanae Vitae*, le leggi e i "dogmi" della Chiesa (!?).

In certi casi la legittima difesa non è uno sfizio personale, ma un dovere al quale un presbitero e un teologo non può né deve sottrarsi, se pubblicamente accusato di pensieri contrari al Magistero della Chiesa e alla morale cattolica, peggio se accusato pubblicamente di eresia.

Un grande teologo del Novecento, Hans Urs von Balthasar, rispose alla domanda di un giornalista dicendo che l'Inferno esisteva ma che proprio per questo sperava che fosse vuoto. Il giornalista manipolò la frase scrivendo che il celebre teologo aveva dichiarato «L'Inferno esiste ma è vuoto», cosa che mai affermò.

Poco dopo scrisse due saggi sull'Inferno[95], ma valse a poco. Tutt'oggi esistono teologi mossi da malanimo[96] che mentendo sapendo di mentire lo accusano di avere dichiarato che l'Inferno è vuoto. In genere sono gli stessi che dogmatizzano i preservativi e che reputano l'evasione fiscale una faccenda che non riguarda né tocca la morale cattolica, da loro imprigionata dentro le mutande del prossimo e dentro le camere da letto dei *Christi fideles*, dove nasce, vive e finisce l'intero mistero del male.

⊰⊱

---

[95] Hans Urs von Balthasar: *Sperare per tutti, breve discorso sull'Inferno*, 1985; *Breve discorso sull'Inferno*, 1988. In edizione italiana, *Queriniana*.

[96] Ignacio Andereggen: *Inferno vuoto? Un confronto con la "infernologia" di Hans Urs von Balthasar*, in convegno *Inferno e dintorni: è possibile un'eterna dannazione?* A cura dei Frati Francescani dell'Immacolata. Roma, 1988.

VI

I DILEMMI TUTT'ALTRO CHE CHIUSI DELLA *HUMANÆ VITÆ* NON ESENTE DA EVIDENTI CONTRADDIZIONI

La commissione dei teologi incaricati per lo studio delle bozze della *Humanae Vitae* dissero che non vi erano elementi per ricorrere a un pronunciamento del solenne magistero infallibile, pur sussistendo le ragioni per pubblicare questa enciclica. Specie sul tema della contraccezione vescovi, sacerdoti e teologi, ma soprattutto fedeli chiedevano da tempo una risposta del sommo magistero.

Il teologo Paolo Molinari (1924-2014), gesuita della vecchia scuola, già perito al Concilio Vaticano II, ordinario alla Pontificia Università Gregoriana per tre decenni e per quasi mezzo secolo postulatore generale della Compagnia di Gesù, nel 2007 mi spiegò che gli studiosi — incluso lui — espressero a Paolo VI che con quella enciclica il discorso sarebbe stato chiuso in modo definitivo, ma sul piano teologico i dibattiti sarebbero rimasti aperti nel tempo.

Dibattere su verità non *definite* bensì *definitive* è possibile. Ciò che non è possibile — l'ho chiarito ma torno a ribadirlo —, è metterle in discussione, o peggio rigettarle. Cosa particolarmente grave se a farlo fosse un confessore, un direttore spirituale o un teologo, peggio se a farlo fossero i Vescovi dell'Olanda con la pubblicazione del cosiddetto *Catechismo Olandese*, dinanzi al quale Paolo VI soffrì e pianse, pianse e soffrì … guardandosi bene dal fare ciò che andava fatto per imperativo di coscienza e per dovere di prudenza: destituire con un colpo di penna dalla sera alla mattina tutto quanto l'Episcopato dell'Olanda, o perlomeno usare nei suoi riguardi la stessa severità che seppe esercitare verso certe frange di cosiddetti tradizionalisti.

I. LA *HUMANAE VITAE* RACCHIUDE UN ELEMENTO INNOVATIVO MA TUTT'ALTRO CHE CHIARO.

Dibattendo negli ambiti in cui è lecito dibattere il quesito che principalmente ho sollevato è stato il seguente: dire no alla contraccezione perché in essa sussisterebbe implicitamente una chiusura alla vita non è affatto un discorso chiaro ma un terreno molto scivoloso. Specie se al tempo stesso si dichiarano leciti i rapporti sessuali tra coniugi nei periodi di infecondità o con il ricorso a quelli che nel lessico comune sono chiamati "metodi naturali" o, in modo del tutto improprio: "contraccezione naturale".

Questo è infatti l'elemento innovativo che sfugge a molti di coloro che non conoscono questo documento in cui si riconosce la liceità dei rapporti sessuali tra i coniugi anche se non finalizzati alla procreazione, purché non siano chiusi al dono della vita. Ma proprio in questa forma di apertura sapiente, umana e opportuna si annida una contraddizione in termini, casomai qualcuno pensasse che la *Amoris Laetitia* sia nata improvvisamente dal nulla, anziché dopo una gestazione durata diversi decenni, quando ormai da tempo si erano consolidati linguaggi non chiari.

Il testo di *Humanae Vitae*, al di là della sua sapiente e profetica dottrina, su certi temi non è chiaro come nelle apostoliche intenzioni vorrebbe essere. Per esempio: al n. 10 parla della «paternità responsabile» e al n. 11 riconosce che da ogni rapporto sessuale non deve derivarne di necessità una vita e che i rapporti sessuali tra i coniugi:

«[…] non cessano di essere legittimi se, per cause mai dipendenti dalla volontà dei coniugi, sono previsti infecondi, perché rimangono ordinati ad esprimere e consolidare la loro unione. Infatti, come l'esperienza attesta, non da ogni incontro coniugale segue una nuova vita».

Si prosegue a precisare:

> «Dio ha sapientemente disposto leggi e ritmi naturali di fecondità che già di per sé distanziano il susseguirsi delle nascite. Ma, richiamando gli uomini all'osservanza delle norme della legge naturale, interpretata dalla sua costante dottrina, la Chiesa insegna che qualsiasi: atto matrimoniale deve rimanere aperto alla trasmissione della vita».

Ciò equivale a dire che i coniugi possono unirsi lecitamente nell'atto sessuale che non deve portare necessariamente a generare una nuova vita purché rispettino le leggi della natura e non siano chiusi al dono della vita. Quindi è lecito fare ricorso ai vari "metodi naturali" per il controllo delle nascite, come il metodo Knaus e il metodo Billings, grazie ai quali è possibile avere momenti di intimità coniugale senza fare ricorso alla contraccezione artificiale.

Moralmente bisognerebbe porsi però un quesito non proprio trascurabile: non pochi coniugi cattolici usano metodi contraccettivi artificiali, non perché siano chiusi alla vita, tutt'altro! Ma perché non sarebbero proprio in condizione di poter accogliere, almeno sul momento, un secondo o terzo figlio, perché non avrebbero i mezzi per mantenerlo e crescerlo in modo adeguato. Oltre a non essere chiusi alla vita pregano e sperano di poter essere un giorno in condizione di averne un altro o altri due di figli, cosa che a Dio chiedono come una vera e propria grazia.

Segue adesso il caso del tutto diverso di altre coppie cattoliche che avendo pianificato di avere un solo figlio e mai più altri, pur potendosi permettere tranquillamente di generarne altri due o tre, mantenendoli e crescendoli al meglio senza problemi di sorta, svolgono la loro soddisfacente attività sessuale in condizione di totale chiusura alla vita usando i metodi naturali consentiti e sentendosi per questo in pace con le loro coscienze cristiane perché non usano i contraccettivi artificiali ma solo i metodi naturali per il controllo delle nascite.

Dinanzi a questi due diversi casi molto reali e per niente fantasiosi, chiunque speculi nell'ambito delle scienze teologiche o della morale cattolica può porsi qualche serio quesito, oppure è proibito farlo?

Il quesito è semplice: usando i metodi artificiali per il controllo delle nascite si è chiusi alla vita, usando i metodi naturali per il controllo delle nascite non si è chiusi alla vita? Non è una domanda difficile alla quale rispondere.

II. Che differenza corre tra un metodo artificiale come i cosiddetti contraccettivi e i metodi cosiddetti naturali?

I contraccettivi artificiali e il controllo naturale delle nascite permettono in ogni caso, sia gli uni sia gli altri, di avere rapporti sessuali evitando una gravidanza, quindi di "programmare la vita", con la sola differenza che nel primo caso ciò avviene con un metodo artificiale, nel secondo con un metodo naturale consentito dalla Chiesa. Detta in altre parole: i decantati e consigliati metodi Knaus e Billings possono essere usati esattamente con lo stesso spirito e l'identica finalità col quale è usato un preservativo o una pillola anticoncezionale per darsi al puro sesso fine a sé stesso, con la differenza che nel secondo caso la "contraccezione" è basata su un metodo naturale e non artificiale.

Non è che per caso, anziché preoccuparci che il male esce dal cuore dell'uomo, ci siamo spinti a pensare che il male sia tutto racchiuso solo dentro un preservativo di lattice? Perché Cristo Dio a questo preciso quesito risponde:

«[…] Ciò che esce dall'uomo, questo sì contamina l'uomo. Dal di dentro infatti, cioè dal cuore degli uomini, escono le intenzioni cattive: fornicazioni, furti, omicidi, adultèri, cupidigie, malvagità, inganno, impudicizia, invidia, calunnia, superbia, stoltezza. Tutte queste cose cattive vengono fuori dal di dentro e contaminano l'uomo» (Mc 7, 21-22).

All'esposizione contenuta nei n. 10 e 11, dove si riconosce la legittimità dei momenti di intimità tra coniugi non finalizzata alla procreazione, purché essi non siano chiusi al dono della vita e non ricorrano a metodi artificiali, segue il n. 12 che parla dei «due aspetti inscindibili tra unione e procreazione»:

«Tale dottrina, più volte esposta dal magistero della Chiesa, è fondata sulla connessione inscindibile, che Dio ha voluto e che l'uomo non può rompere di sua iniziativa, tra i due significati dell'atto coniugale: il significato unitivo e il significato procreativo. Infatti, per la sua intima struttura, l'atto coniugale, mentre unisce con profondissimo vincolo gli sposi, li rende atti alla generazione di nuove vite, secondo leggi iscritte nell'essere stesso dell'uomo e della donna. Salvaguardando ambedue questi aspetti essenziali, unitivo e procreativo, l'atto coniugale conserva integralmente il senso di mutuo e vero amore ed il suo ordinamento all'altissima vocazione dell'uomo alla paternità. Noi pensiamo che gli uomini del nostro tempo sono particolarmente in grado di afferrare quanto questa dottrina sia consentanea alla ragione umana».

In questo stile è stata scritta *Humanae Vitae*, nel tentativo di spiegare "perché no ..." ma al tempo stesso perché "non più no come prima ...", quindi perché "un po' sì e un po' no ...", o per meglio dire: la sessualità è finalizzata al dono della vita, però potete unirvi, purché non siate chiusi al dono della vita. I metodi artificiali per il controllo delle nascite sono proibiti, però ci sono metodi naturali non artificiali che possono essere usati da chi si unisce senza esser chiuso alla vita ma controllando al tempo stesso le nascite e impedendo una gravidanza indesiderata.

Domanda: sulla *Humanae Vitae* è stato scritto questo, oppure sono io che l'ho capita male? Se l'ho capita male, allo stesso modo in cui mi sono lanciato in certe speculazioni provvederò a dichiarare pubblicamente di avere frainteso il testo, spiegando che il mio ragionamento è frutto di errori interpretativi dovuti alla mia umana incapacità di comprenderla, quindi alla mia ignoranza. E nel dichiarare questo sarò anche particolarmente felice.

III. Quando un testo non è chiaro, bisogna fingere che lo sia ed evitare qualsiasi discussione o ne possiamo parlare?

Dinanzi al testo della *Humanae Vitae*, che chiaro lo è, ma fino a un certo punto, i teologi e gli specialisti in morale cattolica non dovrebbero forse discutere, pur senza porre in alcun modo in discussione la disciplina? Perché se così fosse, in tal caso bisognerebbe interrogarci: a che cosa è servito quello che taluni ritengono essere stato il grande concilio dei concili, il Vaticano II, forse a chiudere definitivamente le speculazioni teologiche nell'ambito della filosofia, delle scienze bibliche, della dogmatica, della sacramentaria, della dottrina sociale della Chiesa, della morale e via dicendo a seguire? Qualcuno crede veramente che dopo il Concilio Vaticano II non si possa più ragionare perché tutto ciò che c'era da dire è stato detto e tutto ciò che andava definito è stato definito? Ma allora siamo alle porte della parusia! Perché questo è il punto: questa enciclica risente totalmente, come tutte quelle di Paolo VI, del linguaggio del Concilio Vaticano II, sul cui stile espressivo a volte fumoso e non particolarmente chiaro ho avuto spesso modo di discutere, come molti altri miei confratelli che si dedicano alla ricerca e alle speculazioni teologiche. Il Concilio Vaticano II, come da anni vado ripetendo, ha scelto un linguaggio nuovo, che a mio parere risente molto dello stile del romanticismo tedesco decadente. Quasi temendo il precedente linguaggio diretto e deciso improntato sulla logica, la scolastica e la metafisica classica. Questo linguaggio lascia aperte molte interpretazioni e discussioni, a volte può creare persino disorientamento, lo prova il fatto che per decenni, vescovi e teologi di varie parti del mondo, hanno interpellata la Congregazione per la dottrina della fede chiedendo lumi sulle espressioni non particolarmente chiare di diversi documenti. A partire da alcune frasi contenute in una delle sue due costituzioni, la *Lumen Gentium*, dove nella piena stagione dell'ubriacatura data dal dialogo interreligioso e dall'ecumenismo è fatto uso di questa frase oggettivamente infelice:

«Questa Chiesa, in questo mondo costituita e organizzata come società, sussiste nella Chiesa cattolica, governata dal successore di Pietro e dai vescovi in comunione con lui, ancorché al di fuori del suo organismo si trovino parecchi elementi di santificazione e di verità, che, appartenendo propriamente per dono di Dio alla Chiesa di Cristo, spingono verso l'unità cattolica».

Dire che la Chiesa di Cristo *subsistit in Ecclesia Catholica* (sussiste nella) non è propriamente come affermare che *est Ecclesia Catholica* (è la). Sempre per ribadire che espressioni non chiare e linguaggi non particolarmente felici non prendono affatto vita con la *Amoris Laetitia*, che di questo stile è solo il prodotto ultimo.

La verità storico-sociale è che l'uso dell'espressione «sussiste» anziché «è», fu usata per non urtare gli scismatici ortodossi e i figli dell'eresia di Martin Lutero, senza curarsi dei problemi che in seguito avrebbe potuto creare nei decenni a seguire nell'ambito della teologia cattolica e in particolare nella cristologia.

A riprova di come certe toppe siano peggiori degli strappi, nel 2008 la Congregazione per la dottrina della fede interpellata da vari vescovi e teologi rispose:

> «Il Concilio Vaticano II non ha inteso cambiare la precedente dottrina sulla Chiesa, ma ha voluto precisarla, spiegando anzitutto come dev'essere compresa l'espressione conciliare "La Chiesa di Cristo sussiste nella Chiesa cattolica": è usato il verbo "sussiste in" e non il verbo "è", per indicare che anche nelle comunità non cattoliche ci sono elementi di santificazione di natura salvifica»[97].

Ma quanti giri di parole e acrobatiche arrampicate sugli specchi, pur di non dire con virile e cattolica schiettezza che in quegli anni, i redattori del testo, vollero dare lo zuccherino e il contentino a Ortodossi, Protestanti, Anglicani e via dicendo a seguire! A parte questo: c'è qualche storico della Chiesa, qualche storico della teologia e qualche storico del dogma in grado di documentare un precedente nel quale la costituzione dogmatica di un concilio ecumenico abbia richiesto — a causa di qualche sua espressione non particolarmente chiara — di essere spiegata, o se preferia-

---

[97] Giuseppe De Rosa, S.J. «La Chiesa di Cristo "sussiste nella" Chiesa Cattolica», in *La Civiltà Cattolica*, edizione del 5 gennaio 2008
    https://www.laciviltacattolica.it/articolo/la-chiesa-di-cristo-sussiste-nella-chiesa-cattolica/

mo giustificata in modo persino rocambolesco a distanza di 44 anni? Sia chiaro: non esprimo un giudizio, chiedo solo che sia fornito e documentato un precedente storico analogo, anzi: non chiedo neppure qualche cosa di analogo, mi accontento persino di qualche cosa di simile.

Quando vescovi e teologi hanno infine cessato di chiedere pareri, è stato solo perché ciascuno di essi ha deciso di fare più o meno quel che voleva e come meglio gli pareva, sino a rendere la dottrina qualche cosa di instabile e opinabile di cui ciascuno poteva disporre a proprio uso e consumo. Questo al contrario dei precedenti documenti dei concili e del magistero, nei quali si cercava anzitutto di evitare qualsiasi mancanza di chiarezza che avrebbe potuto portare a interpretazioni diverse e soprattutto a discussioni su dottrine e discipline date in forma definitiva, per non parlare poi di quelle date in forma definitoria.

Domanda: era mai accaduto, specie dopo la celebrazione del grande concilio dei concili, che la Chiesa si trovasse costretta a intervenire oltre tre decenni dopo per ribadire alcune delle basilari verità fondamentali della fede, a partire dalla unicità di Cristo e della sua Chiesa quali essenze uniche e assolute del mistero della salvezza?[98]

Era mai accaduto che fosse data vita in seno alla Chiesa ad alcune generazioni di teologi così mal formati e ignoranti al punto da confondere il termine filosofico e teologico di "assoluto", che in filosofia e in teologia ha un significato ben preciso, con il termine di "assolutismo", che nel linguaggio del tutto diverso della sociologia e delle scienze politiche ha ben altro genere di significato?

[98] Dichiarazione *Dominus Jesus*, data dalla Congregazione per la dottrina della fede il 16 agosto 2000 con approvazione del Sommo Pontefice Giovanni Paolo II.

L'apice di questo stile che potremmo definire come
stile del un po' sì un po' no, è stato toccato nella esortazione
apostolica post-sinodale *Amoris Laetitia* nella quale un tema
molto delicato e parecchio complesso sul piano strettamente teologico e non certo meramente disciplinare, come
quello della eventuale ammissione dei divorziati risposati
alla Santa Comunione Eucaristica, è stato "nascosto", in
modo ambiguo e non chiaro in una *noticina* a fondo di pagina. Il tutto in un testo che nella edizione ufficiale della
Libreria Editrice Vaticana si compone di 194 pagine.

Se prendiamo un canone del IV Concilio Lateranense
o del Concilio di Trento e li leggiamo, la loro precisione e
chiarezza è tanta e tale che neppure un illetterato potrebbe
fraintenderne il senso. Invece, se prendiamo un documento del Concilio Vaticano II, scopriremo che dietro di esso
sono stati scritti fiumi e fiumi di pagine che ne interpretano
e ne chiariscono il senso, o il cosiddetto "spirito", mentre
molti tutt'oggi si domandano che cosa certi testi vogliano
veramente dire.

I tuttologi specializzati nella qualunque e i giudici con
il pericoloso *hobby* della teologia e della morale cattolica,
non amministrando le confessioni e non svolgendo il delicato ministero di direttori spirituali, forse non si sono mai
ritrovati dinanzi a situazioni concrete che costituiscono
casi tutt'altro che limite, per esempio:

1) donna giovane, con un ciclo mestruale irregolare sin
dall'adolescenza, che dopo il primo parto avvenuto
con grave rischio non poteva e non doveva andare
incontro a una seconda gravidanza perché ciò avreb-

be messo gravemente a rischio la sua vita e per salvarla l'unica "soluzione" sarebbe stato l'aborto;

2) uomo affetto da sperma infetto per *herpes* genitale non curabile;

3) donna sieropositiva a causa di una trasfusione di sangue infetto avvenuta in ospedale dopo un intervento chirurgico;

4) donna affetta da schizofrenia di tipo grave, curata e tenuta sotto controllo, con il precedente in famiglia della madre e della nonna schizofreniche entrambe, dinanzi alle quali gli specialisti stabilirono che si trattava di un evidente difetto familiare e che il gene della schizofrenia era trasmesso in quella famiglia dalle donne alle donne e non dalle donne agli uomini, tanto che i due coniugi adottarono due figli, pur essendo entrambi fecondi e tutt'altro che sterili;

5) donna non in grado di portare avanti la gravidanza con alle spalle tre aborti spontanei e con sopraggiunte complicazioni dopo il terzo aborto spontaneo;

6) più donne in situazioni familiari molto particolari, sposate con uomini che al di là della bontà e dell'amore nutrito verso la moglie dimostravano scarsa maturità ed equilibrio e che per loro particolari situazioni di totale dipendenza dalla madre o dalle loro famiglie altamente invasive, non sarebbero stati in grado di gestire un figlio e di evitare forme di prevaricazione che avrebbero letteralmente distrutta la vita della madre partoriente assieme a quel nucleo familiare;

7) ecc ... ecc…

Certi venefici laici rigoristi, tuttologi specializzati nella qualunque, trovandosi dinanzi a casi di questo genere, o altri con i quali mi sono ritrovato in contatto svolgendo il ministero di confessore e di direttore spirituale, avrebbero prontamente risolto il tutto dicendo agli interessati colpiti da certi problemi: «Semplice, dovete vivere da fratello e sorella, punto e basta!». Perché questa è la finalità del matrimonio, vero? Coniugi che vivono da fratello e sorella in castità pel gaudio dei laici rigoristi specializzati nella qualunque assillati da tutto ciò che riguarda la genitalità.

Se andiamo a indagare dietro certi spietati e impietosi giudici da tastiera, blogghettari paladini della vera tradizione cattolica, critici della Chiesa e del papato, pronti ad aggredire anzitutto i sacerdoti con accuse di eresia modernista, di mollezza morale e altre accuse altrettanto gravi a seguire, scopriremo dietro di loro un esercito di divorziati, di conviventi, di genitori che hanno figlie che già a sedici anni tornavano a casa il sabato sera alle tre di notte e che saltavano da un rapporto sessuale all'altro senza la possibilità di essere controllate e ammansite, genitori che hanno figli conviventi fuori dal matrimonio e avanti a seguire. Forse è proprio questo che li rende rigidi e impietosi sulle tastiere dei computer o in certi esclusivi circoli cattolici della cosiddetta "autentica tradizione", da dove non esitano a entrare a gamba tesa nelle camere da letto degli altri per dedicarsi con spirito impietoso *alla teologia della mutanda*, sempre e di rigore andando però a frugare nelle mutande degli altri. O dobbiamo forse ritenere ragionevole che un celebre blogghettaro, con due divorzi alle spalle e convivente con una giovane divorziata, possa permettersi di lanciare tuoni e fulmini contro vescovi e preti che a suo dire non difendono i valori intangibili e non negoziabili della famiglia?

Tra un buon pastore in cura d'anime animato da cattolica morale nella carità e i cupi moralisti che si credono cattolici, ma che sono intrisi del più impietoso spirito puritano-calvinista che li rende rigorosi con gli altri, soprattutto sulla pelle dei deboli, mentre sorvolano incuranti sui peggiori vizi delle persone di riguardo, c'è una differenza sostanziale che ben delineò il Padre della morale cattolica:

«Con i peccatori più perduti bisogna usare maggior carità. Certi confessori sono tutti carità con le persone devote, o di riguardo, ma se viene poi un povero peccatore infangato, o lo licenziano, o lo sentono di mala voglia; e con ciò costoro, diffidando di trovare aiuto, s'abbandonano alla disperazione. I buoni confessori, quando s'accosta un peccatore di tal fatta, l'accolgono, lo ascoltano con dolcezza, l'animano e l'aiutano quanto possono»[99].

Ringrazio Dio per aver messo duramente alla prova la mia fede attraverso il dono della scienza e dell'intelletto, rafforzando più che mai il mio «credo la Chiesa una, santa, cattolica, apostolica», tanto sono consapevole che non è opera umana, ma voluta e affidata da Cristo Dio a uomini che seguiteranno a renderla oggetto dei peggiori scempi sino al Suo ritorno alla fine dei tempi:

«Ma quando il Figlio dell'uomo tornerà, troverà ancora fede sulla terra?» (Lc 18, 8).

Roma, 6 settembre 2022
Nel V° anniversario della morte di
Carlo Caffarra, vescovo

---

[99] Cfr. Sant'Alfonso Maria de' Liguori, in *Avvertimenti a confessori novelli*, n. 1.

Cos'è l'Isola di Patmos

«Io, Giovanni, mi trovavo nell'isola
chiamata Patmos» [Apocalisse: 1,9]

Opera Apostolica
L'ISOLA DI PATMOS
Il Luogo dell'Ultima Rivelazione

Prende nome dall'omonima isola dell'Egeo
dove il Beato Apostolo Giovanni fu esiliato per la sua fede in
Gesù Cristo e sulla quale scrisse il Libro dell'Apocalisse.
Usando questo nome e ciò ch'esso può significare
fu fondata nel 2014

L'Isola di Patmos
Rivista di Teologia Ecclesiale e di Aggiornamento Pastorale
Direttore responsabile Ariel S. Levi di Gualdo
*Registrata in Roma all'albo delle riviste specializzate
presso l'Ordine dei Giornalisti del Lazio e presso il
Tribunale di Roma*

Successivamente, sempre allo scopo di diffondere le opere di storia,
filosofia, teologia e cultura cattolica, nel 2018 nascono le

Edizioni l'isola di Patmos
fondate da Ariel S. Levi di Gualdo
Presidente: Jorge A. Facio Lince

Redazione Scientifica Rivista ed Edizioni:

Ariel S. Levi di Gualdo
†Antonio Livi (Prato, 1938 – Roma 2020)
Giovanni Cavalcoli, O.P.
Ivano Liguori, Ofm. Capp.
Gabriele Giordano M. Scardocci, O.P.

Redazione Editoriale:

Jorge Facio Lince, *coordinatore*
Ettore Ripamonti, *correttore di bozze*
Licia Oddo, *promozione letteraria*
Manuela Luzzardi, *webmaster e
curatrice del sito L'Isola di Patmos*
Fiore Cappone, *Social media manager*

Prima edizione italiana settembre, 2022
Finito di stampare nel settembre 2022
per le *Edizioni L'Isola di Patmos*
Stampa e distribuzione:
Amazon.com, Inc.

IL TACCUINO DI APPUNTI DEL LETTORE

IL TACCUINO DI APPUNTI DEL LETTORE

La lunetta usata come logo della Rivista online e delle Edizioni L'Isola di Patmos è un affresco del Correggio del XVI sec. conservato nella Chiesa di San Giovanni Evangelista a Parma.

www.ingramcontent.com/pod-product-compliance
Lightning Source LLC
Chambersburg PA
CBHW021432150726
47989CB00001B/217